平凡社新書
912

新宿の迷宮を歩く

300年の歴史探検

橋口敏男
HASHIGUCHI TOSHIO

HEIBONSHA

新宿の迷宮を歩く●目次

第4章 歌舞伎町の謎……133

第7章　浄水場から高層ビルへ……253

終わりに……294

はじめに

一日350万人を超える乗降客数が世界一と、ギネスブックにものっている新宿駅。新宿の原動力として、街の発展を先導してきました。

しかし、明治時代の誕生時には貨物が中心で乗降客もまばらな田舎の駅でした。京王線や小田急線といった郊外電車の開通や、関東大震災を契機とし、ターミナルとして発展を遂げ、昭和の初めには日本一の駅になっていきます。

本書では、新宿駅や駅とともに発展してきた東口や歌舞伎町、西口などの街の歴史を辿るとともに、歩いて街に残る歴史の痕跡《こんせき》を探ります。

また、少し視野を広げて、新宿のルーツである宿場、内藤新宿や内藤家の屋敷であった新宿御苑、土木遺産玉川上水の秘められた歴史も訪ねます。特に、江戸の外れ、郊外だからこそ生まれた新宿の文化や人、暮らしに注目して新宿の姿を捉えていきます。

二〇一九年五月

橋口敏男

第1章　新宿駅の誕生

青梅街道を行く荷馬車と西武鉄道軌道線の電車（大正12年）

武蔵野の雑木林の中に生まれる

明治5年の新橋、横浜間の鉄道開業に遅れること10年以上、新宿駅は、明治18年（1885年）3月1日に日本鉄道品川線の駅として産声をあげます。内藤新宿《ないとうしんじゅく》（現在の新宿一、二丁目）の住民が駅の開設に反対したため、新宿駅は市街地から離れた甲州街道と青梅街道の間の雑木林の中に開設されました。

日本鉄道品川線は、現在の山手線ですが、当時は一日3往復の運転で、貨物の輸送が主でした。二両編成の列車が小さな蒸気機関車にけん引され、赤羽、品川間を1時間ほどで結んでいました。旅客の利用は少なく、一日50人程度、雨の日は乗降客ゼロという日もあったそうです。

明治22年4月11日に、甲武鉄道の新宿から立川間、現在の中央線が開通します。当初は、馬が線路の上の車を引く馬車鉄道として企画されたものが、蒸気機関車に変更となりました。

技師が地図上に定規をあてて経路を決めたといわれるように、中野から立川間の線路は、ほぼ直線になっています。中間駅は、中野、武蔵境、国分寺の3駅です。同じ年の8月11

日には、八王子まで延伸されています。敷設の目的は、八王子の織物や青梅の石灰や木材の運搬です。一日4往復の運転でした。

二つの路線を擁した新宿駅ですが、周りは田舎そのもの、武蔵野の風景が広がっていました。駅の出口は東口のみ。明治30年代の新宿駅では、「汽車に乗り遅れると2時間から3時間は待たなければならず、駅前の茶店で休む。茶店にはその頃流行の赤毛布を敷いた縁台があって、そこで茶を飲み、菓子をつまんで待つ。初夏の頃など昼寝をする人もいた」ということでした。その茶店は二軒あり、それぞれタヌキとキツネを飼っていて、タヌキ茶屋、キツネ茶屋と呼ばれていたそうです。牧歌的な、何だかうらやましくなるような景色があったようです。

新宿駅と沿線の変遷

明治31年	新宿駅の構内が西側に拡張
明治36年	日本鉄道の豊島線が開通し、品川線と併合して山手線になる。 路面電車である市電、後の都電の新宿から半蔵門間が開通。
明治37年	飯田町から中野の間を電車が走るようになる。
明治39年	「鉄道国有法」が施行され、山手線や中央線は国鉄になる。 ２年間の駅の改良工事が竣工 新宿駅は現在の東南口の場所に移り、出口は甲州街道陸橋に面する。

二代目新宿駅

その後、明治28年には甲武鉄道の新宿から飯田町間が開通し、駅の業務量も増加していきます。

さらに新宿駅は表のように発展し、二代目新宿駅が誕生します。しかし、甲武電車には青梅街道口のホームもあったため、一つの駅の中で、甲州街道口ホームと青梅街道口ホームに電車が停まるという、二つの駅があるような不思議な駅になっていました。

構内改良工事が竣工した新宿駅（明治39年）

馬糞新宿《ばふんしんじゅく》

甲州街道の最初の宿場であった内藤新宿は、広重の浮世絵にも描かれたように「馬糞新宿」と呼ばれました。その名前は明治の新宿駅にも引き継がれています。荷馬車などの馬の落とし物がそこら一面にあり、馬糞、肥桶の臭いが著しかったということです。

当時はパン屋だった新宿中村屋の創始者、相馬愛蔵《そうまあいぞう》はその著書『一商人として』の中で、明治40年代の新宿駅周辺の状況を「当時の新宿の見《み》すぼらしさは、いま何処といって較べて見る土地もない位、町はずれの野趣と言っても、それが実に殺風景……電車は単線で、所々に引込線が引かれ、筋向いの豆腐屋の屋根のブリキ板が、風にあおられてバタバタと音を立てているなど、こんな荒《すさ》んだ場末もなか

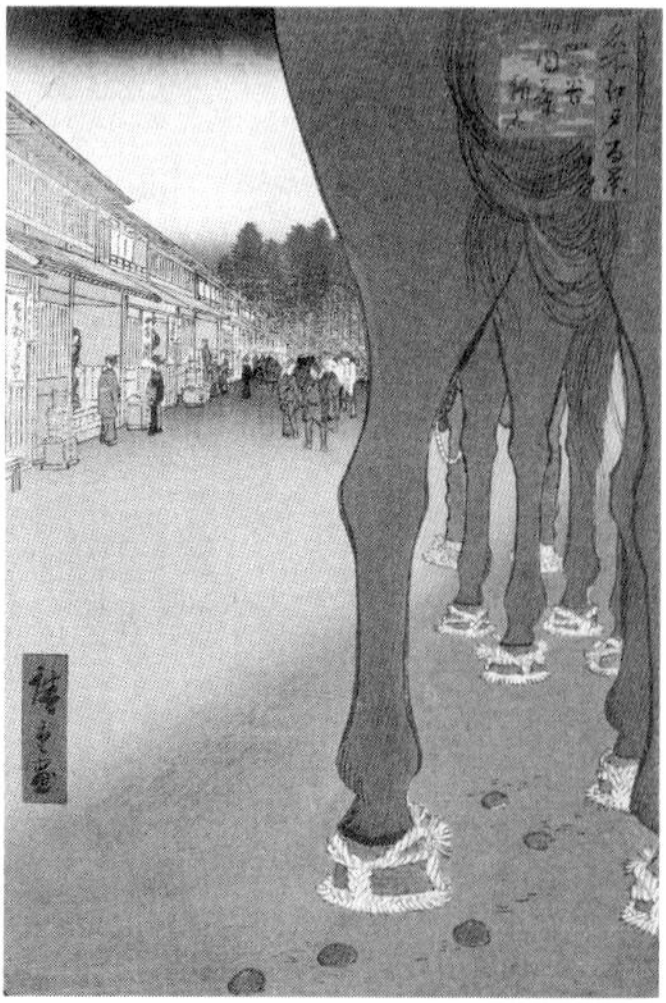

広重『名所江戸百景　四ッ谷内藤新宿』国立国会図書館蔵

った」と描写しています。なんだかあんまりな書きようですが、土地の値段がどんどん上がり「興隆の気運が眼に見えぬうちに萌《きざ》していた」とも述べています。

明治の終わりの新宿駅周辺は、洗練はされていませんでしたが、バイタリティにあふれた町として発展をはじめていたのです。

乗客数が日本一に

明治45年には、新宿駅西口にタバコの専売局が移転してきました。今の小田急ハルクの一帯です。朝夕の青梅街道口にはエプロン姿で通勤する女性工員たちが集まり、これが新宿ラッシュアワーの始まりといわれています。

また、同じ明治45年には中央線の昌平橋から中野間に「女学生専用電車」（後に「婦人専用車」と名前が変わりました）が走りました。おさげ髪にリボン、着物に袴姿の女学生専用

『大東京三十五區』の新宿駅（昭和７年刊）。東京都立中央図書館蔵

電車を、当時の人は花電車と呼んだそうです。

大正時代に入ると、車体の色から青バスと呼ばれた乗合バスが登場します。市電や乗合バスの多くは新宿駅を始点、終点としていたため、新宿駅は東京西北部の交通の要衝となっていきます。

大正12年９月１日の関東大震災により東京は壊滅的な被害を受けました。その中でも被害の比較的少なかった山の手、東京の西部は大きく発展していきます。

新宿駅も大正14年には大改造が行われ、その面目を一新します。鉄筋コンクリート造２階建ての駅舎は、旧日本鉄道時代の駅舎があったあたりであり、駅の中心は再び東口に戻ってきました。この駅舎は、昭和39年に現在の駅舎（現ルミネエスト）ができるまで使われます。

昭和に入ると、「あの明るく白いタイル張りの新宿駅の地下道は、機械文明の明るい人間の氾濫だ（昭和五年六月二日、東京日日新聞）」と描写され、前の時代とは大違いです。「四分ごとに発着する中央線電車、六分ごとの山手線電車、小田急線電車、それに信州、甲府からの列車で四つのプラットフォームに吐き出される乗客」、いまとあまり変わらない情景があります。

さらに郊外電車の発展に伴い、東京市内の拠点から郊外と市内を結ぶ拠点へとその性格を少し変え、ますます発展していきます。新宿駅の一日当たりの乗客は、大正10年には上野駅、東京駅に及びませんでしたが、大正14年には東京駅に次ぐ第二位となります。そして、昭和6年には東京駅を抜いて、ついに乗客数は第一位に躍り出ました（昭和2年の説もあり）。

甲州街道の跨線橋《こせんきょう》

甲州街道は五街道の一つであり、新宿がその宿場町として発展してきたことはご存じの方も多いと思います。夜明け前から野菜を積んだ荷馬車が往来し、神田にあった青物市場に野菜を運んでいました。帰りはその荷馬車に、肥料となる下肥《しもごえ》が積まれました。衛生的にどうかと思われる状況ですが、それが当時の風物詩だったのです。明治39年に二代目駅舎が現在の東南口にできたときに、木造の陸橋が造られ、立体交差となりました。そうすると坂を登れない荷馬車も出てきたので、駄賃目当ての押し屋が活躍していました。

現在の新宿通りが昔の青梅街道です。新宿駅のところで行き止まりになっていますが、ルミネエストの隣にある背の低い、小さなガードの場所が踏切でした。「開かずの踏切」と呼ばれて、常に行き交う荷馬車などで大渋滞が起こっていました。この踏切を渡ることが一つの名物ともなっていたのです。

現在新宿駅から西が青梅街道となっている靖国通りは、昭和3年に帝都復興計画の一環として、拡幅整備されました。当時は大正通りと呼ばれていました。帝都を南北に走る昭和通りと東西に走る大正通りは、道路整備計画の中心的な位置付けとされていました。現在の大ガードもそれ以前から立体交差になっていたようですが、昭和11年に本格的なガードとして整備されています。総工費は19万円(現在の約4億円)で、当時の技術からすると、これほど複雑で危険な工事は他に類を見ないという難工事だったようです。

繁華街へ——新宿高野・紀伊國屋・中村屋

新宿駅は雑木林の中につくられ、周りには何もない状態から出発しました。そこから掛茶屋ができたことは述べましたが、実は新宿駅開業の同じ年、明治18年に新宿高野が繭仲《まゆなか》買《がい》・古道具を本業とし、果実を副業とする高野商店として開業しました。

新宿高野が果物店として発展した背景には新宿御苑と早稲田大学が関係しています。後述しますが、新宿御苑は植物試験場として出発し、マスクメロンを日本で初めて栽培した場所です。そのマスクメロンを推薦したのが、早稲田大学の創始者、大隈重信侯でした。大正時代にマスクメロン販売を開始し、新宿高野は高級果実店へと発展していきます。

その後、各地域から集まる木炭を商う炭屋が増え始めました。大正の初め頃、新宿駅の周りには、木炭などを扱う店が20軒ほど、石炭屋も10軒ほどあり大きな勢力を誇っていました。現在の紀伊國屋書店ももとはそんな炭屋の一軒でした。紀伊國屋書店の創業者で作家の田辺茂一《たなべもいち》氏はその著書『わが町・新宿』の中で、7、8歳の子どもの頃に朝早く父と散歩した様子をこのように書いています。

手をとられながら、新宿の停車場の貨物ホームへでかけた。

……線路沿いに、現在の東口から、千駄ヶ谷方面まで歩いた。

有蓋《ゆうがい》、無蓋の貨物車だが、扉の隅に荷札がついている。発送駅と積みこまれた品名が

本郷でパン屋として創業した当時の中村屋。中村屋提供

> 表示してある。小山、今市、黒磯（栃木県）、白河（福島県）あたりが多かったが、その駅名と品名をみて廻っただけで、おやじの頭には、新宿停車場の入荷量がわかるのである。……品物が少ないとみれば、問屋のソロバンは、珠《たま》が、二つ三つ足されるのである。

当時の新宿駅の風景が浮かんできます。

中村屋も先述のように明治の終わりに新宿に進出しています。新宿駅東口を代表するお店は意外と早くに新宿に来ています。デパートが出現するのは関東大震災の後になり、章を改めて述べます。

昭和元年に新宿高野は洋風建築に改装し、新宿高野フルーツパーラーを開店します。中村屋は昭和2年に喫茶部レストランを開設。紀伊國屋が炭屋から本屋になったのも同じく昭和2年です。カフェや映画館、劇場もできてきました。繁華街新宿が出現したのです。

郊外電車の発達──京王・小田急・西武

新宿駅の発展には、郊外電車の乗り入れターミナルとなっていったことが大きく影響しています。新宿駅に乗り入れている京王線、小田急線、西武線の3つの私鉄の新宿駅を見ていきましょう。

京王電鉄の乗り入れ

大正2年に笹塚から調布間で営業を開始した京王電気軌道は、路面電車という言葉が相応しい電車でした。大正4年5月に新宿に乗り入れています。当初は、甲州街道を通って現在の伊勢丹前まで乗り入れ、「新宿追分」が始発駅。新宿駅は「停車場前」という駅でした。その後、現在のバルト9と追分だんご本舗の間にある京王ビルが始発駅となり、昭和5年に「四谷新宿」と名称を改めています。さらに昭和12年には、「京王新宿」に改名しています。ちなみに、京王ビルには松屋デパートも入り、駅ビルの先駆けともなっています。

新宿駅の名前は、昭和12年に「省線新宿駅前」になっています。昭和20年に変電所が戦

小さな商店が並ぶ小田急線入口付近（昭和34年頃）

災で焼失したため電気が不足し、甲州街道の南口陸橋を登れなくなってしまいました。戦争のためですが、少し情けない理由で新宿駅西口が始発駅になったのです。京王電鉄は戦時体制の一環として昭和19年に東急電鉄に併合されますが、戦後の昭和23年に京王帝都電鉄として独立します。

小田急線の開業

小田原急行鉄道は、昭和2年4月に新宿から小田原間で開業しました。新宿駅は国鉄と共有し、管理は省線の新宿駅長が行っていたとのことです。本格的な都市間交通でしたが、当初は沿線人口も少なく、乗車人員を増やすため観光や沿線の開発に力を入れました。昭和10年には箱根への観光客を増やすために、ロマンスカーの原型ともいえる週末温泉特急の運行を開始しています。新宿と小

アイドル第１号、明日待子

田原間をノンストップ90分で結び、新宿駅前にあったムーランルージュのスター、明日待子《あしたまつこ》のレコードによる観光案内がかかり、車内に売店もあるという画期的な列車でした。戦時体制の一環で昭和17年に東急電鉄に併合されますが、戦後の昭和23年に小田急電鉄として分離独立しました。

西武鉄道の開業

高田馬場から東村山間の西武鉄道は、昭和2年に開業しています。複雑な合併を繰り返しながら、最終的に西武池袋線の武蔵野鉄道に吸収合併されますが、社名は昭和20年に西武農業鉄道となり、その翌年に農業が取れた現在の西武鉄道になります。

西武鉄道が新宿へ乗り入れたのは、だいぶ遅く第二次世界大戦後の昭和27年3月です。駅は新宿駅とは離れた現在の西武新宿です。計画としては新宿駅に乗り入れる予定でしたが、実現しませんでした。ただ、現在の場所に駅ができたことは、歌舞伎町発展の大きな原動力となりました。

余談ですが、西武線に関係する都市計画は、実現していないものが多くあります。新宿駅への乗り入れ、連続立体計画（いわゆる高架化）、地下急行計画いずれも実現していません。また、昭和の初めの新宿には西武鉄道とは別の、東口から中野、杉並方面に通じる、路面電車の西武電車がありました。昭和の初めで一日の乗降客は3万人近くと、非常に多くの人を運んでいました。この路線は、後に都電となります。

敗戦後のすし詰めから復興電車へ

第二次世界大戦後、新宿駅は進駐軍の管理下となります。

昭和20年9月20日には、新宿駅貴賓室にRTO（進駐軍輸送事務所）が置かれます。戦時中は軍事輸送に追いまくられていたのが、進駐軍輸送、旧日本軍の復員輸送、外地からの引揚者輸送などを通常の輸送業務に加えて行わなければならなくなっていました。

電車の状況も惨憺《さんたん》たるありさまで、ドアの開閉装置は故障で動かず、窓ガラスはなくベニヤ板で補強してある電車に乗客がすし詰めで乗っていました。母親に負ぶわれた幼い子どもが圧死するというような悲しい事故も起こっています。

そのような状態の中で、昭和21年には、山手線に進駐軍専用車が登場しています。窓ガラスやシートが整備され、完全清掃と消毒が行われた車両でした。戦後の新宿はここから出発して、たくましく大きく発展していったのです。

昭和23年4月には、完全整備で編成した「復興模範電車」の第1号が中央線に登場します。ドアエンジン連動、窓ガラス、吊り輪完備で電車の前後には「復興模範電車」の札がかけられていました。他の電車区でも、整備電車、努力電車、復興電車といった電車が造られていきました。

昭和24年には、新宿から与瀬（現在の相模湖）間に小中学生の遠足用に臨時列車が運行されています。子どもたちにワッペンをつけてもらい、一般客との区別を図ったことから、ワッペン列車と人気を呼びました。少しずつ当たり前の日常が取り戻されていったのです。

闇市のメニュー

第二次世界大戦の空襲で新宿の街は焦土と化していました。焼け残ったのは駅と三越と伊勢丹ぐらいです。伊勢丹も進駐軍に接収されてしまいます。米軍専用のモータープールも造られました。敗戦から5日後に新宿駅前に尾津マーケットが「光は新宿より」という秀逸なキャッチフレーズで開業します。闇市の誕生です。新宿には安田組の安田マーケットや和田組の和田マーケットも開業しています。いずれも不法占拠ですが、当時の人々は闇市を利用しなければ生きていくことはできませんでした。闇を拒み、配給だけで暮らしていた判事は餓死しているのです。

闇市には食品、衣料品、日用品、飲食、娯楽などあらゆるものが取り揃えられていたといわれています。今では考えられない、闇市での食事のメニューを紹介したいと思います。

・おから寿司　寿司の代用食で、酢飯の代わりにおから、トロの代わりにクジラのベーコン、卵の代わりにタクアンを使用して握ったもので、食べにくかったそうです。
・ギャベッジ　当時、伊勢丹の一部を接収していた進駐軍の残飯を煮込み、味付けしたもの。「ギャベ」、「残飯シチュー」とも呼ばれたそうです。栄養価が高いとはいえ、タバコの吸い殻などが入っていることもありました。
・あんみつ　寒天は本物だったそうですが、アンはサツマイモを煮て色を付け、ギュウヒはこんにゃく、甘味はイモ煮と人工甘味料でした。
・バクダン　燃料用エチルアルコールを薄めて色をつけたもの。中にはメチルアルコールの入ったものもあり、失明する可能性もありました。

グリーンベルトと丸ノ内線の開通

昭和24年に新宿通りを通っていた都電は、靖国通りへ移されます。新宿通りの混雑緩和のためだったのですが、都電が撤去されたあとには幅2メートルのグリーンベルトが整備されました。四季の草花で彩られたグリーンベルトは新宿の新しい名所となります。昭和32年にそんなグリーンベルトを撤去して、工事が始まり、昭和34年3月15日に新宿駅に地下鉄丸ノ内線が開通します。3月14日から30日まで、「地下鉄新宿開通祭り」が催され、新宿の街を挙げて祝賀行事が繰り広げられました。

新宿駅地下から伊勢丹までのメトロプロムナードは、当時日本一の規模で、「雨の日もカサ無用」の歩行者天国でした。丸ノ内線は昭和37年には方南町、荻窪まで延長されます。その陰で、戦前の西武電車からの伝統があった都電杉並線の利用客は減り、昭和38年11月には廃止されてしまいました。

実現しなかった西武線の乗り入れ

民衆駅という言葉は、今はあまり聞きませんが、駅舎の建設を国鉄と地元が共同で行い、その代わりに商業施設を設けた駅のことを言います。現在の新宿駅は民衆駅として、昭和39年に開業しています。総工費のうち国鉄は5億円を負担していますが、民間は56億円を負担しています。新宿は民の力でできていることがよくわかります。

地上8階、地下3階、総面積4万3000平米という規模は、当時日本一であり、駅ビル、現在のルミネエストは「虹のターミナル」と呼ばれました。このビルの2階には、西武新宿線が高架で乗り入れる計画がありました。

西武新宿から駅ビルまでの高架下には歩道が設けられ、ビル完成から数年後には実現するはずでした。ところが、道路に挟まれた用地は狭く、島式ホーム1本、6両編成用発着線2線しか確保することができなかったのです。それでは急増する利用客をさばくことができないとなり、最終的に乗り入れが実現することはありませんでした。

新宿騒乱事件と反戦フォークゲリラ

昭和43年(1968年)に新宿駅は激震に襲われます。新宿騒乱事件です。その年10月21日の国際反戦デーに新宿駅に5000人の学生を中心とする若者が集結し、ベトナム戦争反対のスローガンを叫び、機動隊と衝突したのです。若者たちは駅構内に突入して、電車に放火、南口は炎上しました。駅周辺には2万人ともいわれるやじ馬が集まり、騒乱は拡大しました。新宿駅の機能は完全にマヒし、騒乱罪が適用され、700人以上が逮捕されています。

翌年の昭和44年、若者たちは新宿駅西口広場に集まり始めます。2月頃から毎週土曜日、ベ平連(ベトナムに平和を!市民連合)を中心とする若者たちは、西口広場で反戦フォークソングを歌い、ベトナム戦争に反対を訴えました。再び事件が起こったのは、6月28日です。当日の若者たちの数は1万人近かったといわれています。機動隊が導入され、若者たちを排除し、64人を逮捕しました。この日を境に西口広場は、西口通路となり、集会は禁止されたのです。

一部は渋谷区、南口の発展

東口、西口と発展してきた新宿駅は、南口を発展させていきます。

昭和51年、新宿ルミネ（現在のルミネ1）が駅ビルとして開店します。昭和53年には南口の地下に都営新宿線の新宿駅が開業します。都営新宿線は京王線と直通運転し、新宿から笹塚までは京王新線となっています。昭和59年には、小田急のミロードが開業し、昭和62年にはルミネ2が完成しました。

ここまでは甲州街道北側だったのですが、平成に入り、甲州街道の南側に広がる新宿駅の貨物ヤード跡地が開発され、平成8年にタイムズスクエアビルが開業します。髙島屋や東急ハンズなどが入る大規模商業施設です。線路の反対側には平成6年にJR東日本本社ビルが完成しました。文字通り、新宿はJRの本拠地になったのです。隣には小田急線路上のサザンテラスと小田急サザンタワーが平成10年に開業します。新南口も整備され、新宿駅の比重は大きく南に傾きました。ところが、甲州街道の南側は新宿区ではなかったため、新宿駅が渋谷区になるという現象が起きてしまいした。

平成12年には地下鉄の大江戸線新宿駅が開業します。大江戸線は、新宿には新宿西口駅と新宿駅（ここも渋谷区）の二つの駅があります。新宿西口駅から新宿駅に行こうとすると、都庁前駅で乗り換える必要がある構造になっています。経費を削減するために、完全な環状線ではなく6の字を描いているためです。

そして、甲州街道の跨線橋の架け替え工事に併せて、新宿駅南口基盤整備事業が行われ、鉄道と高速バス、タクシーなどの連携をスムーズにする総合的な交通結節点バスタ新宿が平成28年に生まれました。その隣には、JR新宿ミライナタワーが誕生し、駅を一つの街として、集い交流する場を創造するという構想が実現しています。


新宿を歩いていると、最近はますます多くの外国人を目にします。むしろ自分が外国人の一人になっているとさえ思えてきます。これからは東京の中の新宿ではなく、アジアの新宿、ユーラシアの先端都市としての新宿を考える必要があるのではないでしょうか。

新宿区で発見された5000年前の縄文人からはDNAが抽出され、先祖はシベリアの出身であることが明らかになりました。地続きであったサハリン、北海道を越えてきたマンモスハンターだったのかもしれません。そのフロンティア精神を活かすまちづくりが求められているのではないでしょうか。

現在、新宿駅は東西自由通路の工事を進めていますが、これからの新宿を考えると、それだけでは十分ではありません。

東口中央通り　コーヒーさいはて（昭和39年）

激しさを増していている都市間競争の中で、新宿をどう発展させていくのでしょうか。章を改めて詳しく述べますが、内藤新宿は幕府がつくった宿場ではなく、町民が資金を出し新たに整備した街です。新宿は民間の力でできた街だったのです。その伝統を引き継いで、地元の人とともに、新しい新宿駅を創造してほしいと思います。

新宿駅前の喫茶店

第二次世界大戦後の新宿といえば、喫茶店でした。名曲喫茶、ジャズ喫茶、歌声喫茶、個性豊かな喫茶店が花開いた新宿駅前を歌舞伎町を含めて紹介します。

◎青蛾《せいが》

昭和22年「純喫茶青蛾」が開店。新宿通りから三越と帝都座の間の細い路地を入り、さらに左に折れた行き止まりの路地にありました。昭和30年に新宿通りと並行して、三越（現在のビックロ）、帝都座（現在のマルイ）裏を通る路地に面した地に移転しました。

経営者の五味敏郎は「喫茶店とは、自然のままにくつろいだ中で、ゆっくりとお茶を飲むところ」との考えに基づき、自ら図面を引き、大工や職人と話し合い、山小屋風の新店舗を完成させました。大型のランタンに、五味が茶房青蛾の文字を書き、青蛾のシンボルになっています。

店内は1階の床は煉瓦《れんが》を敷き、壁は荒塗りの土壁、杉材の木組みと凝った建具による構成になっていました。2階へ上がる階段は踊り場で左に折れ、吹き抜けのような効果を生んでいます。店の壁面には、江戸時代の錦絵や竹久夢二の版画が掛けられていました。

コーヒーはあっさりとした味わいでした。玉露や煎茶といった日本茶をメニューに加えたのは青蛾が初めてだったといわれています。また、五味の「誰にも心地よい音楽はありえない」との考えにより、店内では音楽を流していませんでした。

時代の変化で、マルイ裏の通りに店舗がほとんどなくなり、人通りも少なくなってしまったこともあり、昭和56年に閉店しました。

◎風月堂

昭和22年に洋菓子を販売する店として開店しました。翌年から創業者である横山五郎のクラシックレコードのコレクションを流すようになり、喫茶店になりました。昭和30年に区画整理に伴い、増沢洵《まこと》の設計による新店舗になりました。建物の前面がスチールとガラスで構成されていて、開放的で非常にモダンな空間に仕上がっています。岡本太郎や滝口修造、寺山修司、唐十郎などが常連であり、新宿文化の拠点の一つとなっていました。

風月堂は、アメリカで出版された旅行ガイド『JAPAN AND HONGKONG ON FIVE DOLLARS A DAY』で新宿のページの初めに紹介されています。グリニッジヴィレッジにあるコーヒーショップに似ていて、多くのビート族や画家や学生が集まっているというものでした。この喫茶店を舞台にして、ベトナム戦争に反対して脱走した米兵が、スウェーデンに亡命するという事件も起こっています。

一方で、全国的な名所となってきたことに伴い、コーヒー一杯で5時間も過ごす人や、素行の悪い客も目立ち始めました。そういったこともあり昭和48年に閉店しています。

◎らんぶる

昭和25年に、風月堂の並びに西口マーケットで寿司屋をやっていた台湾人の呂芳庭《ろほうてい》が開業した名曲喫茶です。昭和30年の土地区画整理に伴い、道路の向かいに移りました。その後、建物は建て替えられましたが、椅子とテーブルは当時のままで、名曲喫茶・歌声喫茶などが数多く営業していた、戦後の新宿の面影を残しています。新宿区の地域文化財となっています。

◎DIG、DUG、new DUG

DIGは昭和36年にアルタ裏に開店しました。会話が禁止された店内では、適度な音量でジャズが流され、まるで修道院のようでした。経営者はジャズ写真家としても有名な中《なか》平穂積《だいらほづみ》で、「どうせ好きなジャズを聴くなら気分よく聴きたい」と、音作りはもちろん、コーヒー、カップ、椅子などにもこだわり、質の高いものを選んでいました。

昭和42年には紀伊國屋の裏に、気楽に飲んだり、話したりすることができるDUGを開店しました。昭和52年には、new DUGを靖国通りに面して開店します。ジャズが流れ、静かに時間を過ごせる店でした。ジャズを聴きながら、500円のコーヒーとバゲットのサンドイッチ・ランチを食べるのは、贅沢な時間でした。

◎ピットイン

昭和40年、新宿通りから一本入った裏通りに、自動車好きだった20歳の佐藤良武が車好きのための喫茶店として開きました。結果的に車好きは集まらず、ＢＧＭとして流していたジャズ愛好者の集まる店となりました。その後、ライブハウスになりますが、当初はオーナーが余りジャズに詳しくなく、演者に自由に演奏をさせたこともあり、日本を代表するライブハウスとなっていきました。新宿二丁目に移転していますが、現在も営業を続けています。

ライブハウスとなったピットイン喫茶部が昭和43年にオープンし、昭和49年にサムライに名前が変わります。その後、経営者は変わりましたが、新宿三丁目の甲州街道の近くに移転して現在も営業中です。

◎談話室滝沢

昭和41年に開店しました。コーヒー１杯が１０００円するという非常に高い喫茶店でした。そのかわり、テーブルもゆったりした配置で、長い間いても怒られることもなく、本を読んで勉強したりするのには非常に良い喫茶店でした。ウエイトレスが新宿らしくない、素朴な雰囲気の人が多かったような気がしましたが、全員正社員で寮に住んでいたとのことです。サービスの質を保てなくなったという理由で、平成17年に閉店しています。

◎マンションハウス

昭和31年に新宿高野から靖国通りに向かう柳通り（現在のモア四番街）沿いにシャンソンとコーヒーの店「マンションハウス」が開店しました。煉瓦造りで塔屋が二つある洋館の、同じく川岸逸平が設計した歌舞伎町の王城の原点となるような建物でした。中には、小さな池と噴水があり、コイが泳いでいたということです。

◎灯《ともしび》

前身は大衆食堂の「味楽《みらく》」という店でした。同じ経営者のロシア料理店でロシア民謡のレコードをかけていると、お客が歌いだしたことがあったそうです。そこで、味楽を本格的に歌える店にしようと歌唱指導者を入れ、日本で初のお客に歌を歌わせる店となり、昭和29年に「灯」として開店しました。昭和30年代から40年代は、ロシア民謡や労働歌を歌う若者が多く集まり、全盛時代を迎えます。上條恒彦も歌唱指導者として歌っていました。

その後、時代の変化もあり、西武新宿駅前の店は昭和52年に閉店していますが、ひらがなの「ともしび」に名前を変えて、靖国通りの新宿三丁目側に移転し、現在も営業を続けています。

◎スカラ座

スカラ座は、昭和29年に歌舞伎町で開業した名曲喫茶です。イタリア・ミラノの歌劇場「スカラ座」から名前をとったといわれています。ツタの絡まる外壁は、歌舞伎町に独特の風格を与えていました。厚手の白いコーヒーカップで飲む濃いコーヒーは、これぞ名曲喫茶という雰囲気でした。創業者は台湾出身の林金聲《りんきんせい》です。残念ながら、平成14年に閉店しました。平成15年に新宿駅西口の小田急エース地下街で再オープンしましたが、その店も平成27年に閉店となっています。

◎王城

歌舞伎町にある煉瓦造りの城です。川岸逸平による設計で、昭和39年に完成しました。内部に大きな吹き抜けがあったように思います。かつては名曲喫茶でした。現在はカラオケボックスなどになっています。外観を見るだけでも価値があります。

◎民芸茶房すゞや

現在は、とんかつ茶づけ「すずや」になっていますが、昭和29年に開店したときは、オーナーが趣味で集めた民芸品で店内を装飾した民芸喫茶でした。創業者は鈴木喜一郎、歌舞伎町をつくった鈴木喜兵衛の息子です。鈴木は、日本民芸協会の会員として日本全国を回り、その土地で生産された工芸品を集めていました。それを、柳宗悦や棟方志功、浜田庄司らの助言を得て、店内に展示していました。その後、食事を出すようになり、とんかつ茶づけが名物となりました。

【コラム】新宿駅東口を歩く

新宿三丁目の街歩きは、新宿駅東口のルミネエストの1階に出るところから始まります。新宿駅東側は、西口側も含めて以前は角筈《つのはず》一丁目でした。昭和48年の住居表示の実施に伴い、新宿三丁目となりました。ビックロの辺りを境にして東側が旧四谷区の本来の新宿三丁目で、大正9年の四谷区編入までは内藤新宿三丁目と呼ばれていました。現在でも警察などの官公所は、旧町境を基にして仕事をしていますので、伊勢丹の辺りは四谷署の管轄となるのです。

ルミネエストから出て、思いの外に小さい東口駅前広場をルミネエストに沿って南側に歩きます。

駅街路10号

東口から東南口に抜ける道路は駅街路10号と呼ばれています。その入口、ルミネエストの隣に安与ビルがあります。8角形のルーバーを積み重ねた独特のデザインです。早稲田大学教授だった明石信道が設計し、1968年に竣工したビルです。モダンでストイックな感じですが、冷たさはなくて街並みに溶け込んでいます。明石信道は、学生時代に新宿を代表する映画館武蔵野館を設計しています。また、新宿区役所も明石信道の設計であり、新宿にとてもゆかりのある建築家です。

安与ビルには、京懐石「柿傳《かきでん》」があります。新宿では、最高級の食事を食べることができます。柿傳の内装は、帝国劇場や東京国立博物館東洋館、迎賓館和風別館などを設計した谷口吉郎が手掛けています。また、柿傳の地下2階には柿傳ギャラリーがあります。

安与ビルの向かいには、郷土料理のくらわんかと手打そばの大庵があります。地下のくらわんかは、気取らずに日本各地の郷土料理が月替わりで食べられる居酒屋です。実は新宿にはあまりお勧めできるようなおそば屋が

ないのですが、例外が2階の大庵です。

　安与ビルを通り過ぎると飲食ビルやパチンコ屋が並んでいますが、ビルの壁面が道路よりも2メートル近く下がって、揃っています。これは、新宿区の景観条例に基づく協議の結果です。新宿区は何でもありのカオスのような街並みに見えますが、23区で初めて景観条例をつくっているのです。一定規模以上の建物を作るときには景観協議を行って、景観への配慮を求めています。そこを過ぎると、東南口広場につきます。左の路地へ進むとこの道は武蔵野通りで、すぐに激安の殿堂ドン・キホーテが見えますが、ここがムーランルージュ新宿座のあった場所です。次の交差点、角にロッテリアがあるところを右に曲がり中央通りに出ます。

　しばらく歩くと、大塚家具が見えます。このビルは、三越新宿店の南館でした。また、その

前は新歌舞伎座、第一劇場のあった場所です。この周辺はかつて三越裏のカフェー街と呼ばれていました。次の角のモリエールビルには、今では少なくなってしまった小劇場のシアターモリエールがあります。

隣には、日本の魅力を発信するキュレーション・ストアのビームスジャパンがあります。全国から〝日本〟の魅力を集め、発信拠点とするショップです。「食」「銘品」「ファッション」「コラボレーション」「カルチャー」「アート」「クラフト」と、多種多様なモノたちを一堂に集めています。

向かいには、新宿の喫茶店で紹介した「らんぶる」があります。「らんぶる」では地下の席に座ってください。昔の雰囲気が味わえます。ぜひ休憩して、新宿に花開いた喫茶店文化を感じてください。

ロッテリアの角まで戻り、右に曲がります。するとファストファッションのZARAがあります。この裏が武蔵野館です。今でも開業していますが、映画館の入口はZARAの角の路地を左に曲がったところになります。残念ですが、正面を譲ってしまっているのです。

向かいに新宿ライオン会館があります。銀座ライオンビヤホールの支店で、昭和12年に「ヱビスビヤガーデン」として開業しました。昭和14年に「新宿ヱビスビヤホール」と改称し、2階建ての建物で営業を開始します。戦災で消失しましたが、昭和21年にバラックで再建し、その後、幾度かの増改築をして、昭和48年に、現在の「新宿ライオン会館」となりました。新宿通り方向に歩くと、ビックロが見えてきます。ここが、かつての新宿三越です。ビックロの手前を右に曲がりましょう。

しばらく歩くと、天ぷら船橋屋が見えてきます。新宿で天ぷらといえば、船橋屋とつな八、西口に移ってしまった天兼《てんかね》です。船橋屋の角を右に曲がると、すぐにつな八がありま す。つな八は、以前は魚屋だったそうです。道を戻って新宿通りに出ます。

新宿通り

信号があるので、伊勢丹側に渡ります。左に折れて紀伊國屋書店のビルを見ます。途中に建て替え中のカワセビルがあります。カワセビルの地下には前節では紹介しませんでしたが、マンモス喫茶カトレアがありました。とにかく大きな喫茶店だったことを覚えています。

カワセビルの隣に紀伊國屋書店の本店があります。ル・コルビュジエに師事したモダニズム建築の旗手・前川國男が設計し、昭和39年に開店しています。ちなみに、東京都庁を設計した丹下健三は前川事務所の出身であり、弟子筋です。また、前川は建て替え前の紀伊國屋書店も設計しています。

紀伊國屋書店本店は、書店、劇場、画廊、多くのテナントを有する複合ビルです。ビル正面の両側にあるタイルのカーブした壁面と、それをつなぐコンクリートの反り上がった庇《ひさし》が、強い印象を与えます。そった庇は、前川の建築の特徴かもしれません。

また、店前の広場から裏の通りへ抜ける空間は、今は当たり前に感じられるかもしれませんが、街路を建築に取り込んだ初期の例であり、建築が都市環境との関わりの中で果たし得る可能性を提案した好例として高く評価されてきました。東京都の選定歴史的建造物に指定されています。

新宿通りを伊勢丹の方に戻りましょう。伊勢丹の壁面に沿って歩いて行くと、ＩＳＥＴＡＮの白い看板があります。よく見ると、途中から壁が50センチほど前に出ているのがわかります。ここからが、かつてのほてい屋です。以前は地下にも段差があったのですが、改修工事を行い、二つの建物を合体させたとは全くわかりません。

伊勢丹は、清水組（現在の清水建設）の設計・施工です。アールデコ調の装飾を取り入れていますが、上部は縦のラインが強調されモダンな雰囲気になっています。伊勢丹も東京都選定歴

史的建造物に指定されています。

伊勢丹に行かれたら、ぜひ7階のレストランフロアを訪ねてください。屋上庭園に出られます。現在喫煙所になっているのが残念ですが、池と大きな桜がある空間です。桜の大樹がビルの屋上にある風景は、バビロンの空中庭園にも劣らないと思います。屋上緑化の本当に初期の例ではないでしょうか。

新宿三丁目の交差点を渡ります。さらに、新宿通りの反対側に渡り、東側に行くと追分《おいわけ》だんご本舗があります。追分だんごは江戸時代から追分で営業していた茶店のようにも見えますが、実は違います。昭和20年創業の店です。それでも、充分老舗になります。

追分だんごの創業者の藤井藤右衛門が由来を語っているのが、田辺茂一の『わが町・新宿』に載っています。「私はもとは早稲田なんですがネ、昭和十五年新宿に移って、最初は現在のとこで、種苗なんかを売っていたんですがネ、ちょうどその頃、この辺の大地主の大場嘉兵衛さんのお話で、昔、美味いだんごがあったと云うので、それで思いつき、〝追分だんご〟と名づけ、始めたんです」

隣の京王新宿三丁目ビルが、かつての京王線の新宿駅です。ここには駅ビルのデパート新宿松屋が建っていました。第二次世界大戦後は、映画館の京王や京王地下がありました。そんな面影は、現在のビルからは感じられません。

隣のバルト9とマルイのあるビルには、東映映画がありました。バルト9は、現在の新宿の映画館をけん引するシネコンの一つです。

その隣が、画材屋の世界堂です。世界堂は昭和15年に、額縁および絵画の販売を目的として、新宿で創業しています。実は歴史のあるお店です。モナリザもびっくりの、画材を日本一安く売る店です。

末広通り

道路を渡って西へ戻ります。少し歩いて、末広通りの角を右に曲がります。さらに歩くと末廣亭《すえひろてい》があります。第二次世界大戦前もあったのですが、現在の末廣亭にしたのは、初代席亭の北村銀太郎で昭和21年に開業しています。東京に4席しかない落語の定席です。中高年はもとより、若い人にも人気の寄席になっています。時間のある方は一席聞いてみることをお勧めします。生で聞く落語はテレビで見る落語とは違いますし、マジックや切り紙などの色物も面白いです。末廣亭の存在が影響を与えているのか、周辺には昭和レトロな雰囲気のお店が多くあります。

末廣亭を先に行き最初の角で左に曲がると明治通りにぶつかります。そこが、新宿文化ビルディング、映画館「アートシアター新宿文化」のあった場所です。

モア街

明治通りを右に行き、靖国通りを左に曲がります。伊勢丹メンズ館、新宿ピカデリー、DUGを過ぎたところにトップスハウスがあります。ここには、かつてシアタートップスがありました。若手劇団の登竜門とも言うべき小劇場でした。

トップスハウスの次の角を左に曲がります。新宿通りと靖国通りの間がモア街で、曲がった先はその中心モア4番街です。ケヤキの大木が左右に並び、夏には大きな木陰を作り出しています。モア4番街を進んで最初の角を左に曲がり、さらにアルタの裏の狭い路地を右に曲がると、アカシアがあります。ロールキャベツ（正式には、ロールキャベツシチューだそうです）で有名です。昭和38年創業の木造のいかにも昭和というレストランです。アカシアを過ぎて靖国通りに出て左に行き、道路の中央にケヤキの木があるモア2番街を新宿駅の方に戻ります。

途中の右側にオカダヤがあります。昭和2年に紳士服の材料店として開業しました。昭和26年に地下1階、地上3階の鉄筋のビルを建築しました。その後社会が豊かになり、婦人服が流行すると予想し、婦人服「材料」専門店としても開業しています。「洋装材料のデパート」というのが、当時のキャッチフレーズでした。昭和52年には地上9階、地下2階に増改築し、昭和61年には毛糸・手芸の館を新設しています。

馬水槽

オカダヤを出て左に行くと新宿駅東口はすぐです。東口の地下へ降りる階段の左側の広場に馬水槽があります。もとはロンドンにあったもので、明治時代にロンドン水槽協会から贈られたものです。明治39年に当時の東京市役所（現在の東京国際フォーラム）の向かいに置かれ、実際に使われていたそうです。その後、関東大震災などで破損し、淀橋《よどばし》浄水場で保管されていたものが、新宿駅東口に移されました。新宿区指定文化財になっています。

【コラム】新宿駅南口を歩く

新宿駅南口で駅から降りると目の前の陸橋が甲州街道です。向かい側に見える新南口やバスタ新宿がある甲州街道の南側は、基本的に渋谷区になります。バスタ新宿やここからは見えないのですが、その向こうのデッキ、そして両側にそびえる高層ビル群、ニューヨークのエンパイアステートビルのようなNTTドコモ代々木ビルは、代々木駅東口のすぐ近くです。

甲州街道を東側に下りると、新宿駅東南口広場があります。かつては御大典広場と呼ばれ、昭和3年の昭和天皇即位を記念した御大典記念の碑がありました。この碑は現在、西新宿の十二社熊野神社に移設されています。この広場には、不法占拠の建物が並び、昭和の終わりまで戦後の雰囲気が残されていました。

平成6年に新宿駅東南口広場として整備され、新宿の友好都市である長野県伊那市から送られた高遠小彼岸桜《こひがんざくら》が植えられています。場違いな桜の気がすると思いますが、内藤新宿の内藤家は伊那市にある高遠三万石の領主でした。そ

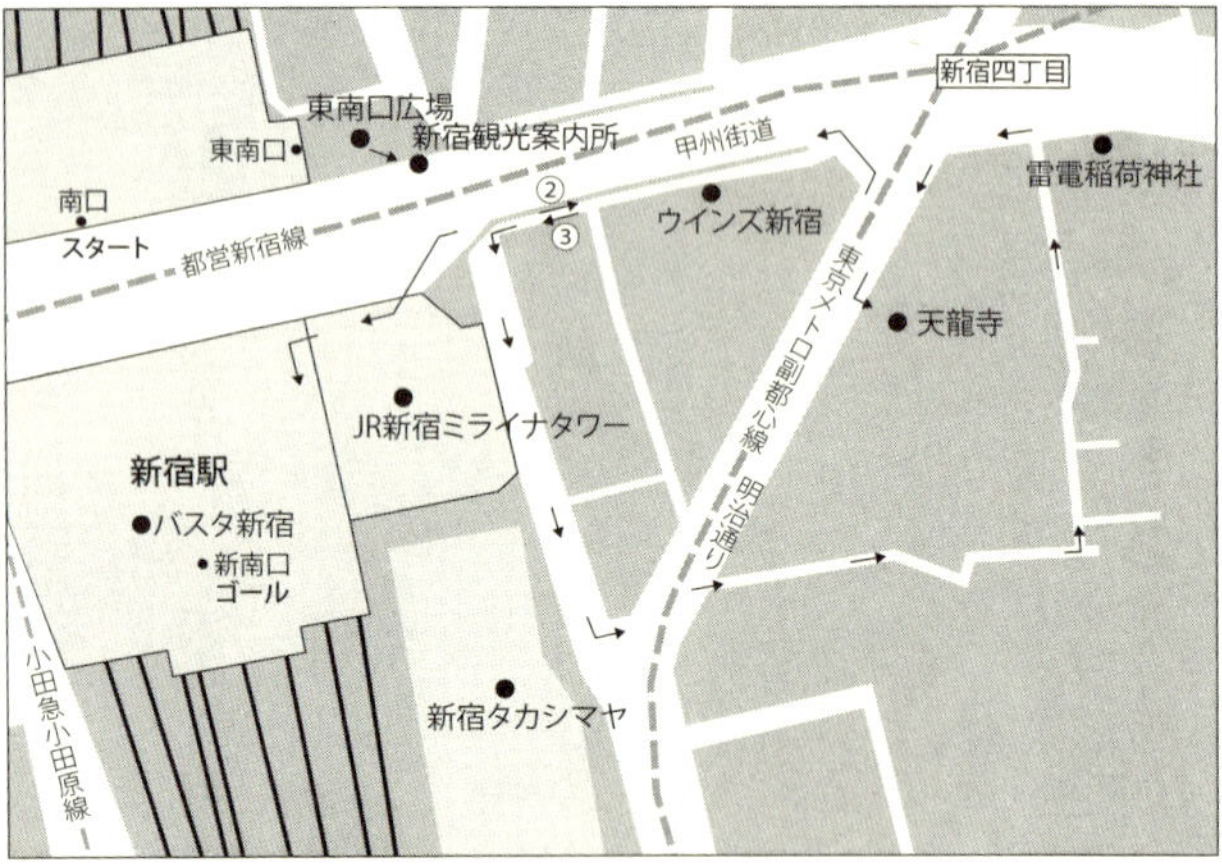

れ以来の新宿ゆかりの地なのです。

新宿貨物ヤード跡

甲州街道の高架の下には、新宿区の観光案内所があります。そこを過ぎて渋谷区側へ出ます。大ガードに沿って側道があり、その先にウインズ新宿があります。この側道を玉川上水が流れていました。

高架下まで戻り、南に行くと新宿タカシマヤに出ます。ここからNTTドコモビルの一帯が、かつての新宿貨物駅、貨物ヤード跡地です。タカシマヤや新宿駅のデッキには、冬になると華やかなイルミネーションが輝きます。流行のファッションに身を包んだ若者が行きかう街に貨物ヤードの面影は残っていません。

新宿四丁目、旭町

タカシマヤの正面玄関前の道を渡ると昭和の雰囲気が少し残っています。道を渡って、明治通りを左に折れ、路地を右に曲がると、駐車場やアパートなどが目立ちます。道は左に折れていますので、そのまま行くとビジネスホテルや旅館などがあります。ここがかつての旭町、今の新宿四丁目です。

最初に述べたことと矛盾するのですが、明治通りが真ん中を斜めに横切るウインズ新宿などもあるこの地区だけが新宿区です。旭町の町名の由来ははっきりしないのですが、新宿一丁目の成覚寺にある旭地蔵に関係するという説があります。旭地蔵は、玉川上水で心中した内藤新宿の遊女と客を弔《とむら》ったお地蔵さんで、かつては玉川上水の土手にあったといわれています。

新宿区の落合に亡くなるまで住み、活躍した作家の林芙美子《ふみこ》はその出世作『放浪記』（新潮文庫）で旭町を描いています。

（十二月×日）

ひまが出るなり。

別に行くところもない。大きな風呂敷包みを持って、汽車道の上に架《か》かった陸橋の上で、貰った紙包みを開いて見たら、たった二円はいっていた。二週間あまりも居て、金二円也。、足の先から、冷たい血があがるような思いだった。（中略）

夜。

新宿の旭町《あさひまち》の木賃宿へ泊った。石崖《いしがけ》の下の雪どけで、道が餡《あん》このようにこねこねしている通りの旅人宿に、一泊三十銭で私は泥のような体を横たえることが出来た。三畳の部屋に豆ランプのついた、まるで明治時代にだってありはしないような部屋の中に、明日の日の約束されていない私は、私を捨てた島の男へ、たよりにもならない長い手紙を書いてみた。
みんな嘘《うそ》っぱちばかりの世界だった
甲州行きの終列車が頭の上を走ってゆく

「汽車道の上に架った陸橋」は、甲州街道の陸橋だと思います。

現在の新宿四丁目も、駅の近くなのにエアポケットのような不思議な空間になっています。

雷電稲荷神社

通りを歩いて甲州街道にぶつかる直前に雷電稲荷神社があります。花園神社の分社の小さな神社ですが、20貫（75キロ）の力石が置いてありました。

この神社にはこんな伝承があります。源義家が奥州征伐に行く途中、この付近ではげしい雷雨にあったため、小さな祠《ほこら》の前で休んでいると、一匹の白狐が現れ、義家の前で三回頭を下げたところ、雷雨がたちまち止んだので、義家は無事に北に進むことができたそうです。その後、村人はこの小祠を雷電稲荷神社と呼ぶようになったということです。

天龍寺の時の鐘は、追い出しの鐘

雷電神社から明治通りに出て、左に戻るとすぐに天龍寺があります。天龍寺は、静岡県掛川市にあった曹洞宗の法泉寺が前身です。同寺を菩提寺《ぼだいじ》とする戸塚忠春の娘が徳川家康の側室となり、二代将軍秀忠を生んだため、家康が江戸に入ったときに寺も江戸へ移りました。その時に旧地の天竜川にちなんで天龍寺に寺号を改めました。最初は牛込にあったのですが、火災にあったため、天和3年（1683年）に現在地へ移転してきました。江戸城の表鎮護寛永寺に対し、裏鎮護天龍寺とされる格式の高い寺です。

天龍寺には、時の鐘とやぐら時計という二つの新宿区指定文化財があります。時の鐘は、江戸市民に時刻を知らせた鐘です。この辺りは、江戸の外れであったため、武士が登城するのに時間がかかりました。そのため、明け六つの鐘は少し早くついたといわれています。また、朝まで内藤新宿で遊んだ客を送り出す「追い出しの鐘」としても知られていました。やぐら時計は、箱型の本体の上に、時を知らせるために打つ鐘をとりつけたいわゆるオランダ時計です。やぐらに載せてあるために「やぐら時計」と呼ばれました。時の鐘はこの時計を見てついたといわれています。

また、天龍寺には、かつて湧水がわいていて、新宿御苑の上の池、中の池、玉藻池《たまもいけ》の水源となっていました。天龍寺を出て、右に戻ると甲州街道の陸橋に当たりますので、陸橋を上がるとJR新宿ミライナタワーを通り新宿駅新南口に戻ります。

第2章
新宿に出現したサラリーマンの暮らし

歌舞伎町・深夜喫茶のサラリーマンたち（昭和42年）

新宿を中心とする山の手が発展したのには、新たな階層であるサラリーマンの出現が大きな影響を与えていました。昭和の初めから現在まで新宿に住み、働き、遊んでいたサラリーマンはどんな暮らしをしていたのでしょうか。新宿の街の主人公であるサラリーマンの住宅や休日の過ごし方、仕事のストレスを癒していた娯楽を探ります。

ハイカラな文化住宅

ある時代までは、文化という言葉に特別なオーラがありました。文化を付ければ特別な何かになったのです。文化国家、文化生活から、文化包丁、文化鍋まで、文化大革命という言葉もありました。今は、言葉の消費が早くて、そんな便利な言葉を思いつきません。もったいぶってしまいましたが、文化住宅もその一つです。

目白文化村

文化住宅が集まったサラリーマンの憧れの住宅地が新宿にもありました。西武新宿線の下落合と中井の間にある「目白文化村」です。「村」にも文化が付いています。住所が落合にもかかわらず、目白であるところにも注目です。当時から目白は人気の地だったのです。

文化村は、西武鉄道の創業者である堤康次郎の箱根土地株式会社が開発しました。大正11年（1922年）から分譲を開始し、第一から第四までの文化村がありました。新宿のほかのエリアが農道や水路が道となったような、乱開発の即席住宅だったのと比べると、道路も整備され、文化住宅も程度が高かったようです。現在も残っている目白文化村のエリアの見分け方は、街路の基礎を見るとわかるといわれています。目白文化村では街路の擁壁《ようへき》には大谷石《おおやいし》が使われています。もっとも昭和の初めの住宅地では大谷石の擁壁がよく使われていました。何かの機会に確かめてみてください。

こういう住宅に住んだのは農家の次男、三男のサラリーマンが多く、家族は夫婦と子どもで、夫が働き妻は専業主婦という構成でした。今は死語となっている標準世帯のモデルともいえます。ただ、一つ忘れてはならないことは、当時のサラリーマンはかなりのエリートだったということです。目白文化村は当時の高級住宅街で、憧れの分譲地でした。そこには手が出ないという人たちに向けて、落合や大久保には賃貸の文化住宅も多くできました。大工さんの創意工夫で、洋式の破風《はふ》や屋根飾りも取り入れています。

キーワードは和洋折衷

文化住宅の大きな特徴として、和洋折衷が挙げられます。和風の玄関、中廊下、洋風の応接間という、今ではおなじみのスタイルはこのときに誕生しました。

台所には流し台があり、ガスコンロ、水道が備わっています。普通に思えますが、それまでは板の間にしゃがんで調理を行っていたので、主婦の負担はとても大きく、非常に革新的な台所だったのです。台所の下には、酒屋さんの通い徳利が置かれています。通い徳利は貧乏徳利ともいわれ、時代劇でよく出てくるので古いものと思われていますが、三河屋などの屋号が入った徳利の製造は明治以降に盛んになり、最盛期は昭和の初めといわれています。その証拠に、通い徳利にはよく電話番号が入っているのです。

生活の中心になるのは茶の間です。茶の間のちゃぶ台に家族みんなで座ってご飯を食べる、これも普通に思われますが、実はちゃぶ台が普及し始めたのは明治時代の終わりごろからなのです。「ちゃぶ」という言葉自体が、広辞苑によれば中国語の転で明治初期の語となっています。それまでは、一人一つの箱膳のような膳を使って食事をしていました。西洋のみんなで食卓を囲むという文化と、畳に座って食べるという日本の文化とが、一緒になりできたのが、ちゃぶ台です。

玄関わきには、洋室の応接間がありました。椅子とテーブルが置かれ、モダンな部屋に仕上げられています。子ども立ち入り禁止のよそ行きの部屋で、来客時以外はあまり利用されなかったといわれています。

サラリーマンの食卓

当時の家庭では、現在のように品数は多くなかったのですが、カレーやコロッケ、パンなどの洋食も食卓にあがるようになっていました。当時の雑誌『婦人倶楽部』昭和7年10月号付録「玉子料理、豆腐料理、肉料理」に出ているメニューをみてみましょう。

○牡蠣《かき》の玉子とじ

材料（一人前）牡蠣75グラム、玉子1個、出汁、三つ葉又はホウレンソウ少々、青豆（グリーンピース）少々、みりん、醬油《しょうゆ》、味の素

レシピ

①　牡蠣はザルに入れて洗い、水気をきっておきます。

②　三つ葉又はホウレンソウを3センチほどに切り、ザルに入れて、熱湯をさっとかけておきます。

③　鍋に、みりん大匙《さじ》二杯を入れて煮立たせ、出汁90ccを加え、再び煮立ったところへ牡蠣と三つ葉を入れ、醬油大匙一杯半か二杯を加え（牡蠣は水分がありますから、醬油は少し多めに入れます。）味の素も少し入れて煮ます。

④　玉子をわって、よくかきまぜ、煮立ってきたら、材料の上に一面に流し、弱火で、

玉子が半熟くらいになったら、火からおろします。
⑤　子丼に盛り、青豆（グリーンピース）をパラリと振って勧めます。

○がんもどきのカレー煮
材料（一人前）　がんもどき小2個、カレー粉小匙半杯、銀杏5、6個、出汁、片栗粉、砂糖、醤油、味の素
レシピ
①　がんもどきをザルに入れ、上から熱湯をかけて油を抜きます。
②　銀杏は焙烙で炒って、鬼皮と渋皮をむいておきます。
③　鍋にがんもどきを入れてから出汁180ccから210ccと砂糖小匙一杯を加えて火にかけて煮ます。煮立ってきたら、醤油大匙一杯半と味の素を少々入れ、たっぷりと煮込みます。ただし、がんもどきはお汁をよく含むもので、油断すると塩辛くなります。注意してよい味のついたときに、カレー粉小匙半杯と、片栗粉小匙一杯半を少量の水で溶いて入れ、かき混ぜながら煮て、とろみがついたら火からおろします。お汁とともに子丼か煮物椀に盛り、上に銀杏をちらして勧めます。

○鶏肉の松茸傘焼
材料（五人前）　鶏肉450グラム、直径一寸五分位の傘の開いた松茸5本、三つ葉少々、片栗粉、ゴマ油、出汁、砂糖、酢、醬油、塩、味の素
レシピ
①　松茸は、傘のところから軸を切り離し、傘だけを塩水でざっと洗ってから、水気をきり、傘の裏に片栗粉をふりつけておきます。
②　鶏肉はひき肉にするか、又は、まな板の上で、包丁でたたくかして細かくします。三つ葉は、洗って五分くらいに切り、大匙に五杯くらいを鶏肉と混ぜ合わせます。さらに、砂糖小匙一杯半、塩小匙一杯、味の素少量を加えてよく混ぜ合わせ、五つに等分に分けて、傘一つの裏に一人前ずつの鶏肉をつめます。
③　フライ鍋に、ゴマ油大匙一杯くらいを入れて、火にかけて熱し、この中に松茸の肉詰めした方を下にして入れ、鍋に蓋をして蒸し焼きにします。片面がきつね色に焼けたら裏返して両面とも焼き、肉詰めの方を下にしてまな板にとります。四すみに包丁を入れて小鉢に盛り、別に醬油大匙二杯、酢大匙一杯、出汁少々を加えて二杯酢をつくり、これを小皿に入れて勧めます。

いかがでしょうか。「牡蠣の玉子とじ」は美味しそうですが、あとの二つ、今はあまり聞かない料理です。特徴のある料理を紹介したからなのですが…。がんもどきとカレーは合うのでしょうか。松茸は、昭和の初めは安かったのでしょうか。興味のある方はトライしてみてください。

サラリーマン家族の休日

サラリーマンの家族は、休日をどのように過ごしていたのでしょうか。大正15年頃に描かれた佐伯祐三の下落合風景には、白い服を着てテニスをする人々が日本家屋を背景に描かれています。当時のテニスは上流階級のスポーツのようにも思えますが、新宿の落合では行われていたのです。目白文化村に住んだサラリーマンもテニスをしていたかもしれません。

一方で、もっと手軽な楽しみとしては、何といってもデパートでのショッピングと映画です。大正時代の終わりまで、買物といえば銀座のデパート、映画（当時は活動写真と言っていました）といえば浅草でした。しかし、昭和の初めから新宿は娯楽の面でも飛躍的に発展を遂げました。ここでは、デパートの新宿における発展を昭和から平成まで詳しくみていきます。また買物をすると、お腹が空きますので、新宿のグルメについてもふれます。

新宿デパート物語

新宿は買物に便利な街です。その代表がデパートです。昭和の初めの雑誌にも「ひらけ行く新宿を鳥瞰《ちょうかん》してみたまえ、実に驚くべき発展ぶりである。そびえ立つ大廈《たいか》の数々よ……何としても新宿の繁栄はデパートからだ。」と書かれています。

丸井などは日本百貨店協会に加入していないので、デパートではないという意見もありますが、ここでは駅ビルやファッションビルなども含め紹介していきます。

◎ほてい屋

明治初期に創業し、大正14年1月に新宿追分、新宿三丁目の角地に進出した、新宿のデパート第一号です。順調に発展を遂げていたのですが、昭和5年に二代目社長の西条清兵衛が自殺するという不幸に見舞われます。強力な指揮官が不在となったことで、その後の低迷を招いたといわれています。

昭和8年に伊勢丹や三越に対抗して新店舗を開業しています。新店舗は、敷地1555

坪で、本館が地下1階、地上7階、延べ4407坪です。その他に事務館が1216坪ありました。隣にできた伊勢丹と果敢に競ったのですが、結果的にはその競争に敗れ、昭和10年に伊勢丹に買収されてしまいます。

◎三越新宿店

延宝元年（1673年）に呉服店の越後屋が現在の日銀本店の辺りに開店しています。間口が9尺（約2・7メートル）だったそうです。三越の歴史はここから始まります。店前現銀無掛値《たなさきげんきんかけねなし》。当時の主流であった出張販売や掛け売りをしない、現金扱いの小売りという画期的な商売を始めました。そんな伝統を基に明治から大正にかけて日本を代表するデパートの一つとなっていきます。「今日は帝劇、明日は三越」という三越の広告は流行し、三越での買物は都会人のステータスとなりました。

大正12年9月1日の関東大震災により、三越本店は灰燼《かいじん》に帰します。急遽、三越では市内にいくつかのマーケットを立ち上げ、市民の買物の便を図りました。その一つとして、三越新宿マーケットが、新宿追分に10月28日開店しています。翌13年には、三越新宿分店になりました。大正14年には、木造のバラックの200坪から現在の新宿アルタの場所に、鉄筋コンクリート造、地上5階地下1階延べ千坪の近代建築に生まれ変わり、華々しくデ

新宿大通『平和記念東京博覧會絵ハガキ張込帖』都立中央図書館蔵（大正11年頃）

パートとして開店しています。昭和4年には三越新宿支店に昇格しています。

そして、昭和5年に地下3階地上8階延べ4500坪のビルを新築し移転しました。内装に大理石が使われた豪華なビルで、壁面に化石がたくさん埋まっていました。伊勢丹とともに新宿を代表するデパートだったのですが、三越が伊勢丹と合併して三越伊勢丹となるなどの中で、平成24年3月31日に閉店しています。そこにできたのが、ビックカメラとユニクロが合体したビックロです。

新宿三越には新宿南館がありました。平成3年に、新歌舞伎座、新宿第一劇場跡地で三越の駐車場となっていた場所に開店しています。南館の8階には美術館もあり、落ち着いた雰囲気のデパートでした。大通りに面していないという立地が悪かったのでしょうか、売れ行き不振で平成11年に閉店しています。

跡地は、大塚家具となっています。

◎二幸《にこう》

昭和5年に新宿三越が現在のビックロのビルの場所に移転後、元の場所には三越が経営する食品のデパート二幸が開店しました。二幸とは海の幸と山の幸を併せた二つの幸せという意味です。昭和の時代は二幸のお土産といえば、とても喜ばれました。

昭和54年に、現在のファッションビルの新宿アルタになっています。新宿アルタ7階のスタジオアルタは、タモリが司会の『笑っていいとも!』を収録していた場所でした。当時、新宿アルタの裏口は、出演する芸能人を出待ちするファンで混雑していました。

◎伊勢丹

伊勢丹は、明治19年に神田明神下の旅籠町に間口二間の呉服店として誕生しました。伊勢丹の称号は、創業者の小菅丹治《こすげたんじ》が婿として入った神田佐久間町の米穀商伊勢屋の「伊勢」に、自分の名前の一字「丹」を組み合わせたものです。

伊勢丹は、創業後10年を経ずに「模様と帯の伊勢丹」と呼ばれ、高級呉服店としての地位を確立しました。明治から大正にかけて、夏と冬に行われた伊勢丹の売り出しは、神田祭と並ぶ神田の名物となっていました。

ほてい屋買収

伊勢丹では新宿の将来性に注目して、進出の機会をうかがっていたところ、昭和6年にほてい屋の隣にある東京市電気局所有の1000坪以上の土地が入札となりました。社内では無謀に近い計画という意見もあったのですが、二代目小菅丹治の「伊勢丹の全運命をかけて目的を達成するほかないという決意」でこの入札に参加し、落札しました。落札結果を知ると、店内はたちまち戦争にでも勝ったような騒ぎになったそうです。

実は、伊勢丹は新宿進出に当たり、最初からほてい屋の買収を視野に入れていたようなのです。警視庁でほてい屋ビルの図面を閲覧し、同じようなビルを建築しました。また、向かいのビルからほてい屋をのぞき、床の高さなどを偵察し、それに合わせた建物を建てていたそうです。

昭和10年にほてい屋を買収し、その年の暮れの売り出しに間に合わせるように昼夜兼行で改修工事を行い、伊勢丹とほてい屋を合体させました。合体部分にはエスカレーターが登場し、満都の人気を集めたとのことです。ほてい屋と合体することで、1万坪を超える新宿を代表する大百貨店になりました。平日は朝9時から夕方6時半まで、土日祝日には、夜間9時までと今と同じように営業していました。

話が前後しますが、新宿店建築のための株式増資趣意書には次のように書かれています。

茲《ここ》に弊社は新宿を以《もっ》て最適の地と確信し益々百貨店の特色を発揮し公衆日常の生活機関たる使命を完了せんが為に最良の形勝地壱千余坪を破格の廉価《れんか》で手に入れました。新宿が近来飛躍的発展をしたことは周知の事実で一昨年東京鉄道局が試みた調査により新宿駅の乗降客が東京、上野をすら凌駕《りょうが》し〝横綱は新宿〟と確定したことは世間の記憶に新たなる所であります。

而《しか》もこれは省線のみの実情で此外まだ小田急、京王、西武の諸鉄道此地より放射し市内交通の諸機関も亦此所《またここ》に蝟集《いしゅう》し、日夜呑吐《どんと》する数十万の士女が文字通り肩摩轂撃《けんまこくげき》するここぞ公衆の文化的生活の必要機関たる百貨店の存在するべき無二の要地であります。

新宿のにぎわいと新宿にかける思いが伝わってきます。しかし、昭和の初期は、震災被害の引き続く不況期であり、新株募集はなかなか困難であり苦労が多かったといわれています。

ついに、昭和7年5月1日に清水組の施工で新宿店の建築工事が起工します。地上7階地下2階鉄骨鉄筋コンクリート造の近代建築は、昭和8年8月31日に竣工しました。

そして昭和8年9月28日に一般営業開店しています。午前9時、全重役が店頭に出て、お客様をお迎えしました。朝から大入りの大盛況となり、12時、3時と何回もシャッターを下ろして入場を制限するほどでした。その後も連日満員となり、その年10月には本店を神田から新宿に移しています。

伊勢丹にアイススケート場が開業

昭和8年10月15日に事務館2階に100坪の観覧席を設けた250坪のアイススケート場ができています。当初、事務館は木造を予定していました。ところが、昭和7年12月に白木屋（現在のコレド日本橋店）で14人が亡くなるという大火災が起こり、木造建築は禁止となりました。そのため、急遽《きゅうきょ》鉄筋コンクリート造に変更するとともに、アイススケート場を追加することとなったそうです。

ちなみに白木屋は地上8階建ての、当時では非常に巨大なビルでした。幸いにも朝の開店直後で来店者が少なく、死者が少なかったといわれています。14人中、女性の死者は8人ですが、当時の女性は着物の下に下着をつけていなかったので、飛び降りることを躊《ちゅう》躇《ちょ》したため亡くなったという話があります。実際は、高層階から飛び降りた女性3人は亡くなり、その他、帯をつないだり、ロープを使って脱出しようとした女性も途中で煙にまかれたり、ロープが切れたりして亡くなっているそうです。

少し脱線しましたが、アイススケート場は、都内には赤坂と芝浦の二か所しかなく、新宿にできたことは、山の手のファンから非常な好評を受けました。入場者は平均で一日1200人と、伊勢丹の名物となりました。

戦争に翻弄された伊勢丹

第二次世界大戦の激化に伴い、伊勢丹は難局を迎えます。社員が戦争に駆り出されるとともに、消費物資も逼迫《ひっぱく》してきます。また、売り場も供出することになります。昭和19年には、売り場は地階、1階、2階の3フロアになり、昭和20年には売り場は1階のみとなってしまいます。

進駐軍による接収と解除後の躍進

敗戦後、新たな出発を目指した伊勢丹に悲報が届きます。百貨店接収使用命令です。昭和20年10月17日に3階以上を駐留米軍第64工兵基地測量大隊に、翌年には事務館も接収されてしまいます。昭和28年の接収解除まで伊勢丹は苦難の道を歩みました。

昭和28年の接収解除とともに改修工事を行い、伊勢丹はようやく全館開業することができました。

昭和28年10月24日午前9時30分、正面入口につるされたくす玉が二つに割れてハトが飛び立ち、2階からは五色の紙吹雪と多くのハトが放たれます。東宝スター11名が売り場主任、トニー谷が一日店長になり、全館開業を祝しました。翌25日の日曜日は絶好の秋日和で売り上げが４０００万円を突破するほどの盛況を極めたそうです。

ティーンエイジャーショップから生まれた、タータンチェック

伊勢丹は、10代の若い女性のライフスタイルに合った洋服を提供する、ティーンエイジャーショップを昭和30年代に展開し、非常な好評で迎えられました。伊勢丹の代名詞となっているタータンチェックのショッピングバッグは、ティーンエイジャーショップのために生まれ、全館に普及していったのです。

その後、昭和43年には男の新館（現在のメンズ館）を開店させています。日本で最初の男性のためのデパートが開店したのです。開店の日には、17万人が訪れました。男の新館の8階には一時、伊勢丹美術館がありましたが、現在は閉館になっています。平成15年に

中央奥に伊勢丹、左はじの紀伊國屋書店は建設中。（昭和37年頃）

リニューアルされ、男の新館からメンズ館に名称が変わっています。

時代の先を見通し、伊勢丹にしかない「オンリーI」（現在は三越を含めたオンリー・エムアイ）商品を展開するなど、ファッションの伊勢丹として名実ともに新宿を代表するデパートになっています。

◎新宿松屋

新宿三丁目交差点の少し東側、地下1階、地上5階の新宿追分駅が昭和2年に完成します。その2階から上に、昭和4年に新宿松屋が開店しました。東京で最初のターミナルデパートです。残念ながら不景気による営業不振と火災による損害で昭和8年には閉店してしまいます。なお、現在も銀座と浅草にある松屋とは、直接の資本関係はないとのことです。その後、京王パラダイスという駅ビルになります。

戦後、京王電鉄の本社になりますが、一時、東横百貨店新宿店も入っていました。昭和25年には外国人用のデパートＯＳＳ（overseas supply store）ＴＯＹＯＫＯとなりますが、昭和29年には閉店しています。

◎ストリップのある新宿丸物

京都で創業したデパートですが、近鉄に買収され現在は残っていません。新宿に進出したのは、昭和30年です。区画整理で立ち退いた露天商がつくった新宿ストアーを買収して、新宿丸物として開店しました。既存のビルを買収したため、同じビル内にあったストリップ劇場が立ち退かず、ストリップ劇場とデパートが同居するという、ある意味で新宿らしい懐の深いデパートでした。90円均一などが名物でしたが、10年後の昭和40年には閉店となっています。跡地は、伊勢丹に買収され、昭和43年に先述のようにメンズ館となっています。

◎新宿マルイ

丸井は、昭和６年に中野で創業します。いわゆる月賦《げっぷ》販売のデパートで、物はほしいけれど、一括では買えないという庶民に支持されて売り上げを伸ばしました。「駅のそばの丸井」というキャッチフレーズで多くの支店を出しています。また、丸井は、昭和35年に日本で最初にクレジットカードを発行しています。

丸井は、店舗の移転・閉鎖や業態の再編を度々行うとともに、新宿に多くの支店を出しています。平成21年には、新宿に6店のマルイがあるという状況でした。その後、店舗の体制を見直しましたが、現在でもマルイ新宿本館、マルイアネックス、マルイメンの3店舗を有し、新宿のデパートとして大きな勢力を誇っています。

丸井が新宿に登場したのは、昭和23年の新宿駅前店です。昭和37年の新宿店（後のマルイカレン）開店時に統合されて閉店しました。新宿西口店もありましたが、この時に統合閉店しています。

◎小田急デパート

昭和37年11月3日、現在の小田急ハルクに小田急デパートが開店します。初日には、家族連れや学生、若いサラリーマンなど4000人がビルの周りを開店前から取り囲んでいました。10時の開店と同時になだれこみ、社長以下の役員も立っているのがやっとという状況だったそうです。10時から30分間で1万4000人、10時30分から11時までで1万2

000人が押し寄せ、開店1時間後の11時には一時シャッターを下ろして入場制限するという騒ぎになりました。その後も人波は一日中絶えることなく、夕方6時30分までの来店者は、20万人を超える大盛況でした。

「新しい都心の新しいデパート」をキャッチフレーズに開店した小田急デパートですが、西口の開発は緒《しょ》についたばかりであり、周囲はまだ工事中という状況でした。その後、昭和42年に現在の西口小田急駅ビルが竣工し、小田急デパートの全館完成となりました。全館開店時は売り場も1万5000平米弱から5万4000平米となり、当時日本一の規模のデパートでした。また、14階62メートルの高さは、当時の新宿では一番高い建物でした。

◎京王デパート

京王デパートは昭和39年11月1日に開店します。小田急デパートと同様に、早朝から数千人が開店を待つ状況だったのですが、最初に入店したのは、開店日と同じ11月1日に生まれた子どもたち111名でした。子どもたちは4階お子様食堂で楽しいショーや食事を楽しんだそうです。その日の入店者は推定45万人、デパートのオープンとしては空前の規模といわれます。

京王デパートは、シニア層の需要にこたえるデパートとして特色があります。サイズやデザインでもシニア層を大切にしています。また、催事でも「駅弁大会」など特色のある催しが人気となっています。

◎新宿タカシマヤ

平成8年に新宿駅南口に開店しました。新宿貨物ヤードの跡地再開発に応募して進出したものです。現在のルミネエストができたときに髙島屋が進出を狙っていたとの話があります。そうだとすると、30年以上かけた念願の新宿出店だったわけです。それだけの魅力が新宿にはあるということでしょう。新宿といっていますが、住所は渋谷区です。

新宿タカシマヤの特徴として同じフロアに紳士と婦人の両方の売り場があります。夫婦で来店したときに、妻の買い物に夫が付いてくるのではなく、夫にも買い物をしてもらう戦略に感じますが、機能しているのでしょうか。

同じビルに東急ハンズも出店しています。また、アネックス（現在は南館）には紀伊國屋書店が新宿南店を出店していましたが、2016年に洋書売り場と紀伊國屋サザンシアターを残し、撤退しました。その後には、家具のニトリが入っています。

◎バーニーズニューヨーク新宿店

平成2年、バーニーズニューヨークの日本1号店が新宿のモア4番街に開店しました。伊勢丹がマスターライセンスを取得し、100％子会社として出店したもので、アメリカのバーニーズとは資本関係はありません。その後、伊勢丹は運営権を譲渡していますので、現在は伊勢丹との関係はありません。

入口の外にイケメンのドアマンが立っていてドアを開けてくれるというサービスをしています。それまでのデパートでは置いていない海外の商品がありましたので、人気を博して横浜、銀座、六本木、神戸、福岡に支店を出しています。

これからも続く新宿のデパート戦争

多くのデパートが新宿の街を彩ったのですが、その興亡は予想以上でした。ほてい屋と伊勢丹との関係は小説のようです。丸井は、現在のところ落ち着いているようですが、新宿を舞台としたそのダイナミズムは凄まじいものがあります。また、現在新宿駅の再整備が計画されています。そうするとルミネエストや小田急デパート、京王デパートなどは建て替えになることが想定されます。その結果、再び大きなデパート間での競争が勃発するでしょう。同時に渋谷や池袋との競争、都心部の東京や銀座との競争もあります。今後も、新宿のデパートの動向には目が離せません。

新宿グルメとカフェー

新宿には、グルメという言葉は似合わない気もしますが、調べてみるとそんなことはなく、新宿らしいユニークなお店がありました。また、カフェーや喫茶店についても、新宿は昭和の初めから多くのお店ができて激戦区となっています。

ところで、読者の皆さまはカフェーと喫茶店の違いを知っていますか。お洒落なのがカフェーで、昔ながらの店が喫茶店という気もしますが、実は法令で決まっているのです。食品衛生法施行令35条には次のように書かれています。

第35条1号　飲食店営業（一般食堂、料理店、すし屋……レストラン、カフェー、バー……その他食品を調理し、又は設備を設けて客に飲食させる営業をいい、次号に該当する営業を除く。）

第35条2号　喫茶店営業（喫茶店、サロンその他設備を設けて酒類以外の飲物又は茶菓を客に飲食させる営業をいう。）

カフェーはアルコールも、食事も出せるのですが、喫茶店はアルコールや調理する食事は出せないのです。

皆さまを混乱させるかもしれませんが、ここで紹介するサラリーマンが疲れを癒したカフェーは、女給さんが隣に座ってビールなどを注いでくれたり、話し相手になってくれたりするお店です。

それでは、『大東京うまいもの食べある記（昭和10年版）』などを基に昭和初期の新宿のグルメを探ってみましょう。

◎東京パン

新宿駅の前にありました。1階がパン売り場、2階と3階が食堂です。パンランチが好評で、新たにメニューに加わった中華饅頭《まんじゅう》もファンを持っていました。食堂もこの種の店としては、明るすぎるくらいだったということです。店が駅前にある関係で朝早くから客が押し寄せていました。

田舎から出てきて、ここで初めてホットドッグを食べた人は、その美味しさに感激したと述べています。そして、何度も通うようになり、そのままだとすぐ食べ終わってしまうので、無料のマスタードを山のようにつけて、ゆっくり味わったということです。

◎聚楽《じゅらく》

駅の横にある白煉瓦の堂々たる5階建てで、地下室から5階まで全部食べ物ばかりでした。地下室は喫茶とランチをやっています。コーヒーは10銭、ランチは35銭と50銭の2種類でした。1階は普通食堂で、2時でも3時でも定食や丼ものを頼めます。2階は下よりやや静かで家族連れ向きです。3階は小さな座敷やテーブル席でゆっくり味覚を楽しませることができます。4階と5階は宴会場になっていて、200人ぐらいは入れる大広間や上品な小宴会場がありました。

◎新宿高野フルーツパーラー

新宿高野は大正15年にフルーツ売り場の一部にフルーツパーラーを設けました。メニューには、フルーツポンチやプリン、アイスクリームなどがあります。現在の新宿高野フルーツパーラーは男性には入りにくい雰囲気ですが、当時の写真を見るとお客はすべて男性です。実際にお客の大部分は山の手のいわゆるサラリーマン階級の人々が多かったようです。中にはアベックもいたという状況でした。

◎中村屋

昭和2年6月に中村屋に喫茶部が開設され、純インド式カリーが発売されました。当時の一般的なライスカレーは10銭から12銭程度のところ、純インド式カリーは80銭でした。高値にもかかわらず、飛ぶように売れていったとのことです。当時の製糸工場の女工の日給は73銭でしたから、一日働いても食べることのできない金額です。省線（現在のJR）の初乗りは5銭、郵便はがきは1銭5厘、帝国大学卒の初任給は月給で50円です。現在の物価と単純に比較はできませんが、換算すると2000円弱と考えられます。

◎新宿タイガー

新宿ホテルの1階にある、女給さん数十名を有するカフェーでした。ホテルを控えている関係で高級な和洋料理を出しました。女給さんに隣に座ってもらい、ビールをお酌してもらうためには、チケットを買う必要がありました。30分で30銭となっていて、安心して遊べるお店といわれていました。

◎鳥田中

武蔵野側の、新宿一の小粋な日本風の鳥料理店でした。1階は椅子席スタンドで「大衆水炊き」「大衆ちり鍋」「ブルジョアおでん」など、珍味な趣向の変わった料理が好評を博していました。2階は粋な小座敷で、20人以内の宴会ができ、落ち着いた気分で料理が食べられました。家族連れで鳥料理を食べたり、商談なども行ったりすることができました。お酒は、松竹梅、白鷹が35銭です。とにかく、食通ファンは一度味わうべき店といわれていました。

◎早川亭

三越の角にあった店で、屋台の店から出発し、平成の初めまでありました。昭和の後期は、シュウマイの早川亭として有名でした。安くてうまい豚カツも名物になっていました。

◎三越食堂

7階全部が大食堂になっていました。広い食堂も、開場と同時にいつでも満員という盛況だったといわれています。

眺望が非常によく、新宿唯一と評判でした。下に新宿御苑の緑の芝生、西方はガスタンクの彼方に富士山が大きく迫ってきます。奥多摩や丹沢《たんざわ》の山々の起伏も眺めることができます。入口のお土産売り場に折詰類が、見本棚とともに並んでいてデパート食堂らしい雰囲気でした。

◎カフェミハト

三越横通りを入った、歓楽境《かんらくきょう》の入口にある代表的カフェー。新宿カフェー界の草分けともいうべき歴史を持つ店でした。外観も、あまりごてごてせず近代的な雰囲気で、好感を持てたとのことです。「ミハトビフテキは美味しい。」、「白魚フライはこういうところでは味わい得ぬと思っていた。」といわれています。ここの女給さんは、上品という評判で、サービス料は一人30銭ぐらいだったようです。

刻みきゅうりを添えたカルピスマカロ（模型）

◎新宿カピー

昭和８年に新宿三越の近くにカルピスのアンテナショップ新宿カピーが開店しました。１、２階ともに椅子席です。

カピーの衝撃の名物がカルピスマカロです。マカロニの上にかける肉みそを炒めるときにカルピスを加えます。マカロニをカルピスでゆでるわけではないようです。食べてみたいような、みたくないような微妙なグルメです。

朝から閉店まで空席がないというほどにサラリーマンに利用されています。

「カピーで飲むカルピスもまた一段と味がありますね。おかげで疲れがとれてしまったようです。空腹だから何かもらうかね。」

「評判の良いビフテキにポークケチャップでももらおうか。」

「好評だけに随分美味しいね。それに量もいいね。」

「お酒抜きの静かな雰囲気で食べられるので若いアベックとか近代人の客が多いですね。」

どうもカルピスマカロは頼んでいないようです。

◎モナミ

新宿のモナミ、モナミの新宿。映画に小説に利用されて、広いホールも一杯になっていました。装飾も好感が多分に持てるものになっています。衛生的であるだけに家族連れが席を占めているのは珍しくないそうです。洋食喫茶が主ですが、洋食定食も安価で新鮮なものを食べることができます。また、食後ボックスに腰を落ち着けてゆっくりタバコを吸うことができ、広さは新宿一の折り紙付きです。

野球放送のときは、学生ファンが大半のボックスを占めにぎわっています。少女女給も馳けまわっています。チップの心配はないとのことでした。

◎森永キャンデー

入口がきれいなケーキ売り場になっていました。中に入ると、想像以上の広さの喫茶室が地下、1階、2階各階ともに随分凝った近代的趣向で装飾されていたそうです。週末には美味しい食べ物を味わいながら、早法戦など6大学野球を、ラジオで聞けるので、一挙両得のファンで一杯です。学生あり、アベックあり色とりどりです。定評あるコーヒーを注文すると味は申し分ありません。アラビアンスタイルなどのセットで雰囲気を味わうことができます。朝、開店は7時30分というので、学生やサラリーマンに歓迎されていました。

◎味のデパート三福

ほてい屋（現在の伊勢丹）の向かいにある白い5階建ての建物、味のデパート三福です。東京名物の外観を示していました。

地下の入口は左右両側にありますが、どちらの入口にも三間長さのデカイ見本棚があって、食の見本オンパレードといったところです。行儀よく並んだ中から手頃のメニューを選びます。ここは大衆食堂ですので、値段も至極一般向きです。寿司が20〜30銭位、丼物が30銭で上の部で、万事案外安直で懐の心配はありません。

1階は一般食料品店でぴんぴんした魚から10銭袋のお菓子まで、口を通るものは何でもこいの勢揃いです。奥さん、女中さん、女給さんなど女性陣が、ぎっしりと押しかけて文字通りの満員の盛況でした。

2階は日本座敷と中国料理の部屋になっています。朱丹《しゅたん》の中国卓に椅子席で気持ち良い新鮮な感じです。この店独特の北京料理に舌鼓を打つのも悪くはありません。宴会や家族連れに利用されますが、「部屋代、心付けは一切申し受けません」と良心的です。日本間の方はビルの中ですが、植木や飛び石、日本式門構えなど万事に気を配って、まるで地上の庭園を眺めるような感じです。いま人気のある近江牛のすき焼きを美人ぞろいの女給さんにサービスしてもらって決して悪いはずはありません。

3階は、ティーパーラーです。軽い飲み物、和洋酒があり、集会などに利用されます。

4階、5階の食堂は、名物なら何でも即席にできてここもなかなか人気があります。うなぎ、てんぷら、寿司、おしるこ、生そば、果物、水炊き、鳥料理などあります。やや高級で家族連れ客も多いようです。

女給さんの服装は各階ともに違っていて、サービスも申し分ありません。東京名物として太鼓判を押しても良い店といわれていました。

最後に本当に新宿らしいグルメを林芙美子の出世作『放浪記』（新潮文庫）から紹介します。


青梅《おうめ》街道の入口の飯屋へ行った。熱いお茶を呑《の》んでいると、ドロドロに汚れた労働者が駈《か》け込むように這入って来て、

「姉さん！　十銭で何か食わしてくんないかな、十銭玉一つきりしかないんだ。」

大声で云って正直に立っている。すると、十五六の小娘が、

「御飯に肉豆腐でいいですか。」と云った。

労働者は急にニコニコしてバンコへ腰をかけた。

大きな飯丼《めしどんぶり》。葱《ねぎ》と小間切れの肉豆腐。濁った味噌《みそ》汁。これだけが十銭玉一つの栄養食だ。（中略）

一食十銭よりと書いてあるのに、十銭玉一つきりのこの労働者は、すなおに大声で念を押しているのだ。私は涙ぐましい気持ちだった。御飯の盛りが私のより多いような気がしたけれど、あれで足りるかしらとも思う。その労働者はいたって朗かだった。私の前には、御飯にごった煮にお新香が運ばれてきた。まことに貧しき山海の珍味である。合計十二銭也を払って、のれんを出るとどうもありがとうと女中さんが云って

くれる。お茶をたらふく呑んで、朝のあいさつを交わして、十二銭なのだ。どんづまりの世界は、光明と紙一重で、ほんとに朗かだと思う。

【コラム】落合にある中村彝、佐伯祐三、林芙美子の三記念館を歩く

新宿の奥座敷、落合にある三つの記念館を歩いてみましょう。落合という地名は神田川と妙正寺川が合流する、落ち合うところから名づけられたといわれています。出発は目白駅です。目白駅を出て目白通りを西に向かいます。駅は豊島区ですが、しばらく歩くと新宿区の看板が出てきます。少し寄り道をしてみましょう。新宿の看板のすぐ先に目白三丁目の信号がありますので、左に曲がります。

3分ほど歩くと道の真ん中にケヤキの大木が見えてきます。あまり、他では見ない景色です。車がケヤキの木をよけて迂回しています。この辺りは、現在下落合二丁目ですが、かつてここに五摂家の一つ近衛家の邸宅がありました。このケヤキは、近衛邸の車寄せにあったといわれています。その後、近衛邸は売却され、分譲されたため、近衛町と呼ばれていたそうです。

ケヤキの木を見て直進すると、目白ケ丘教会（写真参照）があります。この教会は、フランク・ロイド・ライトの弟子である遠藤新《あらた》が設計して、昭和25年にできた教会です。破風に大谷石が使われています。ライトが設計した、現在明治村にある帝国ホテルにも大谷石が多く使われていました。全体的にライトの建築と雰囲気がよく似ていて、柔らかく落ち着きがあり、かつ端正な建築です。なにより現在も地域の人に愛され、使われている教会であることが素晴らしいと思います。

さらに、まっすぐ進むと日立目白クラブに突き当たります。この建物は、学習院に通う生徒の寄宿舎として宮内省が昭和3年に建設し、昭和寮と呼ばれていました。昭和28年から日立目白クラブになっています。白い壁と、赤いスペイン瓦、小屋根を載せた高い煙突、スパニッシュコロニアルスタイルの建築です。白い姿は、優美で地域のシンボルとなっています。ここには、第二次世界大戦後の一時期、上皇陛下が過ごされていたそうです。目白ケ丘教会も日立目白クラブも観光

用に公開されている建物ではありませんので、敷地の外から静かにご覧になってください。そして、目白通りまで戻ります。

目白通りをさらに左に行くと、下落合三丁目のバス停があります。バス停の次の道を左に曲がります。曲がり口には、中村彝アトリエ記念館の標識が立っています。曲がって2分ほど歩き、右に曲がります。少し歩くと歯医者さんの隣に中村彝アトリエ記念館があります。

中村彝は、茨城県に生まれ、画家を目指します。新宿中村屋の相馬愛蔵、黒光《こっこう》夫妻の支援を受け、中村屋の裏に住み、夫妻の長女俊子を描いたりしています。その後大正5年、この地にアトリエを構え、盲目のロシアの詩人を描いたエロシェンコ像は代表作となっています。大正13年にここで亡くなっています。中村彝没後、他の画家がアトリエとして使っていましたが、平成25年に新宿区が整備し、アトリエを再現しています。

中村彝アトリエ記念館を出たら右に行き、インターロッキングの道路が終わったところ

で、右に曲がり目白通りに戻ります。目白通りを左折し1キロほど歩くと、ピザ屋の左が聖母坂通りです。そこを左に曲がります。少し歩くと頭の上に佐伯公園、佐伯祐三アトリエ記念館の標識が見えます。標識に従い、狭い路地を右に曲がります。少し行くと再び標識がありますので、左に曲がると佐伯公園の中に佐伯祐三アトリエ記念館があります。

佐伯祐三は、大阪で生まれ、パリに留学しブラマンクの指導を受けました。一度帰国しますが、再度パリに渡り現地で昭和2年に亡くなっています。佐伯祐三といえば、パリの街角を描いた絵で有名ですが、日本では下落合に住み、下落合の街を描きました。アトリエは同じく画家であった佐伯祐三の妻が長く使っていましたが、平成22年に佐伯祐三アトリエ記念館として再整備し、公開しています。

佐伯祐三アトリエ記念館を出たら、右に行き、聖母坂を下ります。新目白通りの交差点に出ますので、新目白通りを右に曲がります。3分ほど歩いたら信号がありますので、狭い道を左折します。道なりに5分ほど歩くと山手通りの陸橋があります。高架の下をくぐりさらに3分ほど歩くと、四の坂の角に林芙美子記念館があります。

林芙美子記念館は入館料150円が必要ですが、惜しくないと思います。林芙美子が精魂を込めて作った自宅が保存され公開されています。ここで林芙美子は昭和16年から亡くなる昭和26年まで暮らしました。設計は山口文象《ぶんぞう》で、戦時下で建築許可を取るため2軒の家として設計し、繋いで使っていました。懐かしい雰囲気の、ここで暮らしたいと思える日本家屋です。建物内は特別公開日にしか立ち入りできませんが、普段は庭から見ることができます。

　中井には一の坂から八の坂までの坂があり、多くの作家も住み落合文士村とも呼ばれていす。また、記念館へ行く道をそのまま先に歩くと「コープみらい」のスーパーがありますが、この場所にも林芙美子は住んでいました。ゆっくり楽しんだら、来た道を戻ってください。山手通りの手前に、西武線の中井駅があります。

第3章 新宿二丁目は牧場だった

四谷内藤新宿『江戸名所図会 7巻』国立国会図書館蔵

新宿発祥の地

新宿二丁目から一丁目にかけては、新宿発祥の地です。

この章では、新宿の街ができるまでの歴史を、江戸時代からたどっていきます。あまり触れられることのない新宿の陰の部分、遊郭の成り立ちにも触れていきます。そして、意外な人物が新宿にいたことも紹介します。

甲州街道は幕府の避難路

徳川家康が定めた五街道（東海道、中山道、日光街道、奥州街道、甲州街道）の一つである甲州街道が、豊島台地の尾根道として新宿から四谷を通っていました。もともと、古道としてあった道が徳川幕府により整備されたものです。江戸に何かあったときの、幕府の避難路として位置付けられていたともいわれ、街道沿いには内藤家の中屋敷（現在の新宿御苑）、大久保の鉄砲百人組、八王子の千人同心が配されていました。

当初は「甲州海道」と呼ばれていましたが、正徳6年（1716年）に「甲州道中」と改められました。この本では、現在の呼び名である甲州街道と呼んでいきます。

街道の規則

甲州街道に限らずですが、街道には安全を確保するために、細かい規則が設けられていました。下水や溝にはゴミを捨ててはならないことや、馬一匹に馬子一人を必ず付けることが定められ、牛馬の連続行進は禁止されていました。過失によって牛・馬車が人を轢死《れきし》させたときは、流罪とされました。

街道に面する町屋の庇《ひさし》は三尺（約90センチ）までに限られ、庇を柱で支えることは、家作を広げ道路を狭くするとして厳禁されていました。今でも道路に庇を出すことは禁止されていますが、敷地内の1メートル以内の庇は、建築面積に参入されないようになっています。一方、柱を立てると建築面積に算入される点は、江戸時代の規則が現在に活かされているような気がします。

伝馬の継立のため、内藤新宿が誕生

甲州街道の最初の宿場は高井戸でしたが、日本橋から4里（約16キロ）ほどありました。東海道の品川、中山道の板橋、日光街道と奥州街道の千住、いずれも日本橋から2里程度だったのに比較すると、距離が倍ほどあります。ちなみに、高井戸宿は、上高井戸と下高井戸の二つの宿が宿場を務めていて、月の上15日は下高井戸、下15日は上高井戸で宿場を務めていました。

江戸幕府開設から100年近く高井戸が最初の宿場だったのですが、元禄10年（1697年）、高井戸までの距離が遠く、幕府の公用の荷物を運ぶための馬を確保する伝馬《てんま》の継立に支障をきたすという理由で、新たな宿場開設の願いが出されています。これが、内藤新宿の誕生につながります。

浅草の商人が開発

宿場の開設を願い出たのは、浅草阿部川町の名主《なぬし》喜兵衛をはじめとする五人の町人です。彼らは運上金5600両を上納しました。5600両というと、1両10万円で換算して5億6000万円です。幅五間半（約10メートル）の道を開き、両側に家作地を造成しました。五人とも新宿に移り住んだといわれています。

喜兵衛の姓は高松氏であり、後に喜六と改名、また、その後には金八と改名しています。元禄16年の資料には金八の名前が見えるとのことです。四谷の愛染院にある墓には「内藤新宿開発人高松金八友常」とあり、開発人の総代を務めたと考えられています。その後、喜六の子孫は、喜六の名前を継ぎ、代々内藤新宿の名主を務めています。

開設願いが出された翌年の元禄11年（1698年）に、代官所の許可を得ています。そして、道中奉行が江戸から新宿への距離を1里31町（約7・5キロ）と認定し、駄賃銭の公定を行って、元禄12年の4月に内藤新宿が開設されます。

現在の伊勢丹の向かいである追分から四谷大木戸に向かって上町、仲町、下町となっていました。

宿の名前

内藤新宿といっていますが、当時の文書には「内藤新宿」、「四谷新宿」、「内藤宿」の三通りが書かれています。幕府の高札では「内藤宿」が使用されているので、これが正式名称かもしれません。

一方で、当初から「内藤新宿」の名称が使われていたことは間違いがありません。また、「内藤宿」という名前は以前からこの辺りにあった非公式の宿の名前としても使われていたようです。それもあり、いつしか「内藤新宿」という名前となっていったと思われます。

権利の販売

多額の上納金を出して、開発した町人たちは、資金を回収しなければなりません。髪結いの三右衛門が提出した一札が残っています。

「代金の儀は二十両に相定め、右の内金三両相渡し申候、残金拾七両にて御座候、この儀は来正月二月迄の内、きっと返上仕るべく候　元禄拾二年卯の拾二月廿日」

髪結いの権利が20両で売られ、3両はその場で払い、残りの17両は来年の1月か2月には払いますと約束しています。こうやって、権利を売ることで、開発利益を生み出していったのです。当時の1両は10万円ほどといわれていますから、20両だと２００万円です。相場としてはどんなものだったのでしょうか。

正徳元年（１７１１年）に現在の三越の祖である越後屋の三井八郎右衛門が、内藤新宿に抱え屋敷をもっています。最初から購入するつもりではなく、借金の担保として手に入れたようですが、もしかしたら三越の最初の新宿進出といえるかもしれません。

二度の火災

火事と喧嘩は江戸の華といわれるように、江戸の町には火事が多かったのです。内藤新宿も、宿場としての形も整えられ、業務も順調であった元禄15年（１７０２年）に火事で大きな被害にあっています。２月11日の朝９時頃、太宗寺《たいそうじ》の裏手の百姓家から火の手が上がりました。この月は風が強く、２月７日には烈風のため火災に注意するようにとのお触れがでたばかりでした。折からの強風にあおられ、火は青山、麻布辺りまで広がり、芝浦を経て品川まで延焼しました。

この火事で、内藤新宿はほとんどが焼けてしまいました。再建に向けて地元の家持《いえもち》の連名で幕府から拝借金として小間（道に面している間口）一間につき銀30匁《もんめ》を借りています。銀1匁は約1150円ほどですので、間口1・8メートルにつき約35万円の貸付です。3年後から3年間の分割で返すことになっていました。このほかに、救助金が158両ほど貸し与えられています。

内藤新宿は正徳6年（1716年）にも火災にあっています。正月11日の午前4時すぎ、宿場内から出火し、67軒を焼失しています。逃亡して2月27日に浅草で捕まった火元の又左衛門は、旅籠屋《はたご》から零落《れいらく》し、裏店住まいで大工、飯売女の斡旋《あっせん》をして生活していましたが、病身のため、こたつの火を消すことができずに火災となったということです。

内藤新宿、廃駅へ

浅草の開発人たちが、内藤新宿をなぜ開いたのか。表向きの理由は、最初の宿場・高井戸が遠いので、伝馬の継立を考えてとのことでしたが、実際は内藤新宿を遊興の場とするためだったと思われます。

元禄15年（1702年）には、幕府公認の遊郭であった吉原から、品川、千住、四ッ谷新宿、板橋の四宿などで遊女商売を行っているとの訴えが出されています。また、宝永5年（1708年）には、四ッ谷大木戸など四宿で傾城奉公人（遊女）を買い取っているという訴えがなされています。二度の火災に遭いながらも、大江戸の西門として52軒の旅籠屋が繁盛するようになると、吉原などとの軋轢《あつれき》も強くなったものと想定されます。

享保の改革の一環としての廃駅

そこに享保元年（1716年）、徳川吉宗が登場します。翌年には大岡忠相が町奉行に就任し、享保3年（1718年）に内藤新宿は廃駅とされてしまいました。

表向きの理由としては、甲州への道筋で旅人も少なく廃止したとされています。一方、『参考落穂集』によると、「足洗女ども猥《みだ》りに遊客を引き入れしより、法外の事出来て、此新宿 忽《たちま》ち破壊せられたり」とあります。

「法外の事」の中身は明記されていませんが、旅人が少ないということではなく、徳川吉宗の享保改革の中で、風紀引き締めの一環として内藤新宿が見せしめとして廃駅となったのではないかとも想像されます。

内藤新宿に出入りしていた旗本の次男が、遊女をめぐって旅籠屋の下男に殴られたことがあり、怒った長男が、次男を切腹させ知行（石高）を召し上げられても良いので、内藤新宿を潰してほしいと訴えたという話も伝わっています。

内藤新宿は廃止されますが、運上金の残金1136両（約一億円）は名主、年寄りの4名で分担して10年賦で納めるよう約束させられています。幕府もなかなか厳しいです。旅籠屋の二階座敷は取り壊せとの指示も出ています。

衰退と復活運動

廃止後の内藤新宿については、57軒あった旅籠屋のうち30軒が煮売り屋（惣菜屋）商売に転業したことが代官所への届けによってわかっています。内々には旅行者を泊めるなど、遊郭まがいのこともあったようですが、奉行所の吟味を受け、証文を提出させられています。

一方では、宿駅の復活要求も進められましたが、結果的には成功しませんでした。奉公人たちは田舎へ返され、客を乗せた辻駕籠《つじかご》も停止されてしまいました。内藤新宿は、宿場が廃止されてから徐々に衰退していったと推測されます。

内藤新宿が廃止された後、現在の西新宿、当時の角筈村《つのはずむら》で宿場を開こうという運動がありました。名主などが中心となり、宿場開設の願書を提出しています。寛保元年（1741年）には、角筈村の名主与兵衛らと麹町三丁目の長兵衛店喜右衛門らが、宿場設置願いが成就した場合の、それにかかった費用の負担の配分を証文で取り決めています。

延享3年（1746年）には、この地域を支配する代官舟橋安右衛門の役所に、伝馬町の者が呼び出されています。「江戸から高井戸間が遠距離なため、人馬が難儀していると いう理由で、角筈村に宿場取り立てを願う者がいるが、伝馬町では支障があるか」という尋ねでした。伝馬町では、「江戸から高井戸間は四里もあり、風雨の時は特に難儀でございます。よって、角筈村に宿場を設置することは伝馬町では支障はありません」と返答しています。

また、翌年には角筈村に宿場を設置した場合の、日本橋から角筈新宿場間の賃銭についての諮問《しもん》もなされています。このように、角筈村に宿場を設置することはかなり現実味を帯びていたようですが、実現することはありませんでした。

明和の立ち返り

明和7年（1770年）に、内藤新宿復活の動きが本格化します。この動きに刺激されて、角筈村でも宿場設置の願いが出ています。新宿の東と西で宿場をめぐっての綱引きがあったようです。結果的には東の内藤新宿が再開されることになります。

11月16日に伝馬町の者が、道中奉行安藤惟要のもとに呼び出され、「内藤新宿再開に支障はないか」と尋ねられ、同月21日に、「伝馬町は支障ありません」と返答しています。

ここまでは、角筈村と同じでしたが、今回は開設に向けて動き始め、明和９年（１７７２年）に宿場再開となります。以降の内藤新宿は明和の立ち返り駅と呼ばれます。

内藤新宿が復活した明和９年は、江戸三大大火の一つである目黒行人坂《めぐろぎょうにんざか》の火事が起こった年です。その他にも災害が多く、迷惑な年だということで、安永に改元したという話があります。

また、この年には田沼意次が老中に就任しています。このことも、内藤新宿の復活に関係しているのでしょうか。

助郷《すけごう》

内藤新宿開設の理由に伝馬の継立がなっていますが、これには周辺の村の協力が欠かせませんでした。内藤新宿が廃駅になる享保３年（１７１８年）には、24か村から人馬を調達していました。再開後には33か村から調達しています。

これを助郷と呼んでいましたが、この負担は非常に重く、助郷の軽減や免除の願いが度々出されています。「天下の農民の中で、生を定助郷各村に受くる者ほど、不幸なる人民は他にあらざるべし」とまでいわれて、非常に大きな負担だったことがわかります。

幕府対旅籠屋

道中奉行安藤惟要は、江戸の伝馬役、内藤新宿町人、助郷村名主を呼び出し、白州で新宿を伝馬継宿に認める旨を申し渡しています。内藤新宿からは、実取年貢一か年16両1分、冥加金《みょうが》（営業税）一か年155両を上納することになりました。10年賦で返す予定だった、内藤新宿開設時の1136両の未払金が残っていたようであり、それを含めて冥加金の額が決まったといわれています。

冥加金を払っても内藤新宿は大きく繁栄しました。祭りのときには、往来をまたぐ橋灯籠《とうろう》をかけたという記録も残っています。江戸中の評判となったが、けが人が出るなどしたために止めたということです。嘉永元年（1848年）には、旅籠の主人が内藤新宿で「大名行列」をやりました。幕府の耳にも入ったのですが、宿場内だけで大木戸をこえなかったため、表ざたにならずに済んだそうです。このために、その旅籠では2、3000両の金を使ったということです。

旅籠屋や茶屋の造作は非常に派手だということで、安永9年（1780年）には、旅籠の棟高を全体的に切り下げ、不要の造作や、煙出し飾りの撤去をするように命じられています。これに対して、町人側では新築したばかりで、借金の返済も終わっていないので、困窮してしまうと訴えています。道中奉行が仲介して一定の措置を行い、以後華美な造作を行わないという誓約書を出しています。

飯売女《めしうりおんな》

廃駅の原因となったと思われる飯売女（飯盛女）ですが、この時代は大きく緩和されます。品川宿は500人、板橋、千住、内藤新宿は150人の飯売女を置くことが認められたのです。表向き、飯売女は遊女ではないといっていますが、実態は「甲州街道旅籠屋飯盛女あり、明和安永の頃は殊の外盛んなり　美服を着し、紅粉の装い、恰《あたか》も吉原におとらぬ春花を置きたり」という状況でした。飯売女は、地方出身の前売り金による人身売買の被害者でした。また、死んでも弔われることなく投込み寺に捨てられるという、悲惨な一生を送ったのです。内藤新宿の繁栄の陰の部分を忘れてはいけません。

内藤新宿の飯盛女。豊国画『江戸名所百人美女』国立国会図書館蔵

　内藤新宿の遊女白糸と鈴木主水という武士の心中を、『隅《すみ》田川《だがわ》対《つい》高賀《のかが》

紋《もん》』という芝居にして市村羽左衛門が上演しています。芝居が盛況だったので、白糸の塚が成覚寺に設けられています。塚には、「するの世も結ぶゑにしや糸柳」という歌が刻まれています。白糸と鈴木主水の心中は、「花のお江戸のそのかたわらに　聞くも珍らし心中話　ところ四谷の新宿町の　紺ののれんに桔梗の紋は　音に聞えし橋本屋とて」から始まる当時の流行歌のような「口説き」として、盆踊りなどで歌われていたようです。浮世絵の題材としても多く取り上げられ、四国、現在の高知県で活躍した絵金も「鈴木主水絵巻」を描いています。

内藤新宿の文人

内藤新宿を代表する文人、平秩東作《へづつとうさく》を紹介します。

江戸時代の天明の頃に諧謔《かいぎやく》や風刺を旨とした狂歌が大流行しました。その中心となったのが、現在の新宿区です。中心人物の大田南畝《おおたなんぽ》は、牛込、現在の新宿区中町の生まれです。大田南畝は幕臣なので当然否定していますが、「白河の清きに魚も住みかねて　もとの濁りの田沼恋ひしき」という寛政の改革を風刺した有名な狂歌は、南畝の作といわれています。

その狂歌の会を初めて開いた唐衣橘洲《からごろもきつしゆう》は四谷の人です。そして、平秩東作もその仲間の一人でした。

平秩東作は、享保11年に内藤新宿で煙草屋の二代目稲毛屋金右衛門として生まれています。東作が10歳のときに、湯島へいって西行の土人形をほしがったという話が残っています。乳母は菓子を買い与えたのですが、東作は「この菓子のさとう兵衛はのぞみなし　西行ほしい、西行ほしい」と狂歌を詠んだそうです。

また、東作が10歳のときに父が亡くなっています。その後、14歳のときから煙草屋を経営しています。17歳のときには、伊勢参りをして鯛も御馳走になり、「今ぞしるあこぎが浦の櫻鯛　たびかさなれどもあかぬいろとは」と詠んでいます。

商売に忙しく正式に学問をすることはなかったようですが、後に内山淳時《なおとき》を師として学んでいます。内山は号を賀邸、別号を椿軒といい、牛込の加賀町に住んだ歌人、国学者で、大田南畝、唐衣橘洲、朱楽菅江などの師でもあります。東作と内山は年齢が３歳しか違わず、ある意味友人関係でもあったのではないかと、森銑三は書いています。

東作は、48歳頃に炭焼き事業を起こすことを幕府に願い出て、許可を得て伊豆に行っています。なれぬ事業で結局は失敗して２８００両の借金を幕府に負いました。50代の終わりには、なんと蝦夷地に渡り一年近く滞在しています。「松島の月見ん」などと記していますが、実際は幕府の勘定組頭であった土山宗次郎から費用をだしてもらい、蝦夷地の調査を行ったということです。その後、田沼意次が失脚するなどで、土山が窮地に陥ったときは匿《かくま》っていますが、それが露見して幕府から処分を受けています。結果的には、蝦夷地の開発も進まず、東作は64歳で没しています。

このようなことから、友人であった平賀源内と同じように「山師」と見られていたようです。野心家ではあるにしても、真宗の他力の信仰の道に入り、53歳で剃髪するなど、それだけではない面ももっています。引き取り手のいなかった平賀源内の遺体も、東作が引きとったといわれていますし、情に厚くて商売も文学も信仰にも熱心な、懐の深い新宿らしい文化人の先駆けだったといえるのではないでしょうか。

広重画『名所江戸百景』「玉川堤の花」国立国会図書館蔵

つかの間の桜並木

内藤新宿を描いた錦絵には、玉川上水沿いに大きな桜並木があり、そこを散歩する人々でにぎわっている様子が描かれています。とてもきれいな情景なのですが、残念ながらつかの間の夢だったようです。

安政３年（１８５６年）に玉川上水沿いに桜の木が植えられたのは間違いないと思われます。代官の許可は得ていたのですが、御用木《ごようぼく》という偽りの札を立てたことが、御林奉行の目に留まり、二月に植えたものの、三月には撤去を命じられています。

幕末の打ちこわし

幕末の慶応２年（１８６６年）、外国貿易の影響や政情不安もあり、諸物価が上昇しました。特に、コメの値段が急激に上昇し、江戸市中には不穏な空気が蔓延し、５月末に品川宿からはじまった打ちこわしが江戸市中全域に広がりました。

内藤新宿でも、６月３日天龍寺門前の７軒と長延寺門前の１軒が打ちこわしにあっています。４日の夜には米搗きの店が４軒打ちこわしにあっています。５日には同じ店が１００人以上の群衆により再び打ちこわされるとともに、紙屑建物商い、菓子屋、米搗き屋、米屋が打ちこわされています。

すべての店が打ちこわしにあったわけではありません。現に、内藤新宿では家持の店は打ちこわしにあっていません。打ちこわしにあった店は、民衆の反感を受けていた店で、裕福でありながら、施行《せぎょう》（ほどこし）をしないという理由で打ちこわされています。打ち

『江戸切絵図』「内藤新宿千駄ヶ谷絵図」
国立国会図書館蔵（嘉永2〜文久2年）

こわしでは、仏壇や神棚までも打ちこわされていて、破壊者に神仏の罰は当たらないと考えられていたようです。打ちこわしを行ったのは、近隣の住民であり、内藤新宿では鳶の頭が打ちこわしに参加しています。

先代から鳶頭を務めていた万吉という者が、打ちこわしに参加して入牢していたが、維新で許され帰ってきたという記録が残っています。しかも、息子に跡を継がせ、自身も鳶職を続けたいという要望が町内で認められています。町民から打ちこわしは、やむにやまれぬ行動と認められていたのではないでしょうか。

新宿遊郭と文豪

「東京開化狂画名所」「内藤新宿　生酔の開店」都立中央図書館特別文庫室所蔵（明治14年）

明治になり、明治５年（１８７２年）に人身売買を禁止し、芸娼妓を解放する太政官布告が出されました。しかし、自由意志で個人的に契約して遊女となることは禁止されていませんでしたので、事態はほとんど変わらなかったということです。

明治33年に娼妓取締規則が制定されましたが、それまでの現実の追認であり、貸座敷営業の地域を指定し、娼妓は貸座敷営業の地域に居住しなければならないというものでした。内藤新宿の旅籠は貸座敷となり、飯売女は娼妓となり、新宿遊郭となっていきました。

ともあれ、明治の初めの新宿には意外な人が住んでいました。

内藤新宿で育った夏目漱石

日本を代表する文豪の一人である夏目漱石は、明治の初めの内藤新宿で育っています。漱石は、慶応3年(1867年)に牛込馬場下横町、現在の新宿区喜久井町1番地に生まれています。生後1か月ほどで里子に出され、翌年の明治元年11月に内藤新宿北裏町16番地(現在の新宿区新宿二丁目)の門前名主塩原昌之助の養子となっています。その後、浅草に転居しますが、明治4年には、内藤新宿の新宿通りに面した元旅籠「伊豆橋」に戻ってきます。養父が廃業した「伊豆橋」の管理をしていたといわれます。

漱石は、自伝的作品である『道草』(角川文庫)の中で、次のように幼い頃のことを述べています。

そうしてその行《ゆ》きづまりには、大きな四角な家が建っていた。家には幅の広い階子《はしご》段《だん》のついた二階があった。その二階の上も下も、健三の眼には同じように見えた。廊下で囲まれた中庭もまた真《ま》っ四角《しかく》であった。

不思議なことに、その広い宅《うち》には人が誰も住んでいなかった。それを淋《さみ》しいとも思わずにいられる程の幼い彼には、まだ家というものの経験と理解が欠けていた。

彼は幾つとなく続いている部屋だの、遠くまで真直《まっす》ぐに見える廊下だのを、恰《あたか》も天井のついた町のように考えた。そうして人の通らない往来を一人《ひとり》で歩く気でそこいらじゅう馳《か》け廻《まわ》った。

彼は時々表二階へ上がって、細い格子《こうし》の間から下を見おろした。鈴を鳴らしたり、腹掛けを掛けたりした馬が何匹も続いて彼の眼の前を過ぎた。路《みち》を隔てた真ん向こうには大きな唐金《からかね》の仏様があった。その其仏様は胡坐《あぐら》をかいて蓮台《れんだい》の上に坐っていた。太い錫杖《しやくじよう》を担《かつ》いでいた。それから頭に笠《かさ》を被《かぶ》っていた。

健三は時々薄暗い土間へおりて、そこからすぐ向こう側の石段をおりるために馬の通る往来を横切った。彼はこうしてよく仏様へよじ上《のぼ》った。着物の襞《ひだ》へ足を掛けたり、錫杖の柄《え》へ捉《つら》まったりして、後ろから肩に手が届くか、または笠に自分の頭が触れると、その先はもうどうすることもできずにまたおりてきた。

前半で語られているのは、廃業した旅籠「伊豆橋」のことです。旅籠、実際は遊郭の妓楼に住むという経験を漱石はしているのです。後半では、太宗寺のお地蔵さんに登って遊んだことを書いています。太宗寺の地蔵は、江戸に出入りする６つの街道沿いに置かれた江戸六地蔵の第三番として正徳２年（１７１２年）に造立されたものです。現在は、東京都の有形文化財に指定されています。念のためですが、もちろんよじ登ることは禁止されています。

夏目漱石は、五歳のときの七五三も、内藤新宿近くの神社で行っています。花園神社の可能性もありますが、どこかよくわかっていません。

芥川は新宿でアイスクリームを食べ、ラム酒を飲んだ

芥川龍之介の父は、明治21年に新宿二丁目で耕牧舎という牧場を開いています。3000坪の敷地で600坪の畜舎があり、牛を飼い、牛乳を生産していました。芥川龍之介は明治25年（1892年）に生まれています。生後すぐに母方の叔母の家に養子に出されていますが、明治43年（1910年）から大正3年（1914年）まで、養父母とともに実父の持ち家である新宿一丁目の住宅に住んでいました。そのため、実父の牧場で多くの時間を過ごしています。

作品『点鬼簿《てんきぼ》』の中で、アイスクリームを食べたことや、「僕は当時新宿にあった牧場の外の槲《かし》の葉かげにラム酒を飲んだことを覚えている。ラム酒は非常にアルコオル分の少ない、橙黄色《とうこうしょく》を帯びた飲料だった」と書いています。

牧場は繁盛していたようですが、臭気が強く、周辺の環境にそぐわないとのことで、大正2年（1913年）に警視庁から移転命令が出され、廃業しています。そこに内藤新宿の貸座敷が移転してきます。

甲州街道から牛やの原へ

作家野村敏雄の『新宿裏町三代記』などを参考に、新宿遊郭の歴史を述べていきます。
牧場の跡は、牛やの原と呼ばれて地元の子どもたちの格好の遊び場所となっていました。ときには、サーカスの公演も行われていたそうです。

大正7年（1918年）に警視庁から、新宿遊郭の牛やの原への移転命令が出ています。電車通りに面した場所に、遊郭があるのは都市の体面上も相応しくないという理由だったようです。移転は徐々に進められ、大正10年（1921年）には完了したのですが、そこに火事が襲います。3月26日の午後8時頃追分交番の裏、花園神社前の俵屋の倉庫が火元でした。折からの強風にあおられ、二丁目へと火は広がり、移転を終えたばかりの遊郭をひとなめにしてしまいました。太宗寺の手前でようやく鎮火したとのことです。全焼家屋650戸という大火事、いわゆる「新宿の大火」でした。

しかし、一年後の大正11年2月には、貸座敷53軒が二丁目の焼け跡に再建を終え、開業しています。新宿の貸座敷がそれだけ裕福であった証拠ともいえます。また、大正12年の関東大震災で吉原などが大きな被害を受けたのに対して、新宿ではほとんど被害はなく、そのこともあって新宿遊郭が繁盛したといわれています。

大正9年には、内藤新宿町が四谷区に編入になり、内藤新宿一丁目と内藤新宿二丁目の内藤がとれて新宿一丁目、二丁目が成立しています。

遊郭の仕組み

甲州街道に面していた頃の新宿遊郭については、張り見世といって、外から見える店の正面に格子があり、そこに遊女が並んで座って客を待つというものだったようです。張り見世を内側から見ると、廊下より一段高くなっていました。その風景も、大正時代に移転したあとは、肖像写真に変わり見られなくなりました。

時代が下がって、昭和3年の調査によれば、新宿遊郭の戸数は53軒、娼妓数は557人でした。遊興費の規定は次のようになっていました。

特等（終夜）	席料玉代各2円50銭	計5円
一等（終夜）	席料玉代各2円	計4円
二等（終夜）	席料玉代各1円50銭	計3円
三等（終夜）	席料玉代各1円	計2円
等外（1時間）	席料玉代各75銭	計1円50銭

昭和初めの物価は、省線（現在のＪＲ）の初乗りは5銭、郵便はがきは1銭5厘、高級な中村屋の純インド式カリーは80銭でした。

妓楼と娼妓の取り分は、席料は妓楼の取り分で、玉代を妓楼と娼妓で半々に分けていました（妓楼が6割で娼妓が4割というところもあったようです）。娼妓は、そこから前借金を6割引かれ、さらに毎日の食費、化粧代、衣装代、日用品代などが引かれることになります。娼妓はお金を残せないような仕組みになっていました。

赤線と青線

広辞苑第六版によれば、赤線とは「(警察などで地図に赤線を引いて示したことから) 売春が公認されている地域」、また青線とは「(青い線を引いて示したことから) 表向きは飲食業を営みつつ、許可なく売春行為も行なっていた地域」とされています。

新宿遊郭は赤線でしたが、その周りの新宿一丁目の花園町、ゴールデン街などが青線でした。青線については、警察ではなく、新聞記者の造語だという説もあります。青線は、飲食店を営んで、そこで1杯飲んでから2階に上がるという形態だったようです。

また、赤線についても英語の red-light district を日本語に訳したものという説もあるようです。

花園アパートに住んだ文化人

ここからは、新宿の花園周辺に住んだ文化人たちの足跡をたどります。

新宿一丁目の花園東公園の辺りに、花園アパートという大きなアパートがありました。そこに、昭和8年（1933年）に青山二郎が引っ越してきます。青山は、本の装丁や古美術の鑑定などを行っていましたが、いわゆる高等遊民で、周りには多くの作家や詩人などの文化人が集まっていました。彼の住む花園アパートは「青山学院」と呼ばれていました。

明治34年（1901年）に資産家の家に生まれた青山は、若い頃から骨董屋に通い詰め、古陶磁の図録編集を行い、鋭い鑑識眼を示していました。柳宗悦や浜田庄司らの民芸運動にも関わりました。柳の甥の石丸重治を通じて小林秀雄、中原中也、大岡昇平などと知り合い、大きな影響を与えています。中原中也は、青山を慕って花園アパートで暮らしています。

作家の三宅艶子《つやこ》は、花園アパートの青山二郎を次のように書いています。

正直言って、「へんなアパートに住んでる」ときいてはいたけれど、私は花園アパートの玄関では、「どうしてこんなところに青山さんが」と、不思議だったり同情する気分だったりしたのだ。それが一瞬とびらを開くと、ここが新宿のごみごみしたところとは思えない静けさと美しさ、豪華さに満ちている。……青山さんは、「今起きてふとん片づけたばっかり。お前たちあんまり早過ぎたよ」とおっしゃる。もう夕方だった。私はふだん夜中が好きで、夜昼をとり違えたような暮らしをしていたので、十一時に起きるんですかと、ひとにあきれられ、肩身のせまい思いをしていたところだ。もう暗くなって、夕方というより夜に近いのに、「こんなに早く来て」としかられるのも面白かった。

青山学院には、紀伊國屋書店の田辺茂一も遊びに来るようになりました。白洲正子や宇野千代も花園アパートを訪れており、弟子ともいわれています。昭和初期の文壇の交友の一つの中心が花園アパートであり、数々のドラマがここから生まれました。花園アパート跡は新宿区の地域文化財に認定されています。

中原中也は、長男の誕生を機に現在の新宿区住吉町に引っ越しますが、青山は昭和17年（1942年）に静岡県の伊東に疎開するまで住んでいました。なお、新宿区の牛込で生まれ、オーストリア＝ハンガリー帝国の伯爵と結婚したクーデンホーフ光子は、母のいとこにあたるとのことです。

花園アパートの周辺は、現在は新宿一丁目ですが、当時は花園町という町名でした。それ以前は内藤新宿北裏町でしたが、大正9年に花園町になりました。町の鎮守である花園神社から町名をとったといわれています。

なお、花園神社は、歌舞伎町にあると思われがちですが、住所は新宿五丁目です。元々は新宿三丁目の辺りにあり、花園の名称は、尾張徳川家の女中「花園」が信仰したからとも、社地《しゃち》が尾張徳川家の花園だったからともいわれています。また、花園神社と名称が正式に決まったのは、大正5年であり、それまでは、単に稲荷神社、三光町稲荷、四谷追分稲荷と呼ばれていました。

一方で、明治8年（1875年）に北裏町16番地にできた小学校が花園小学校でしたので、以前から俗称で花園という町名があったのではないかという説もあります。また、現在も花園小学校がありますが、これは平成7年に四谷第五小学校と四谷第七小学校が一緒になり、四谷第七小学校の場所にできた学校です。

恋川春町《こいかわはるまち》の祥月命日

大正4年7月7日に、新宿二丁目の成覚寺で恋川春町の祥月命日が開かれています。そのときのそうそうたる参列者から、何人かを紹介したいと思います。

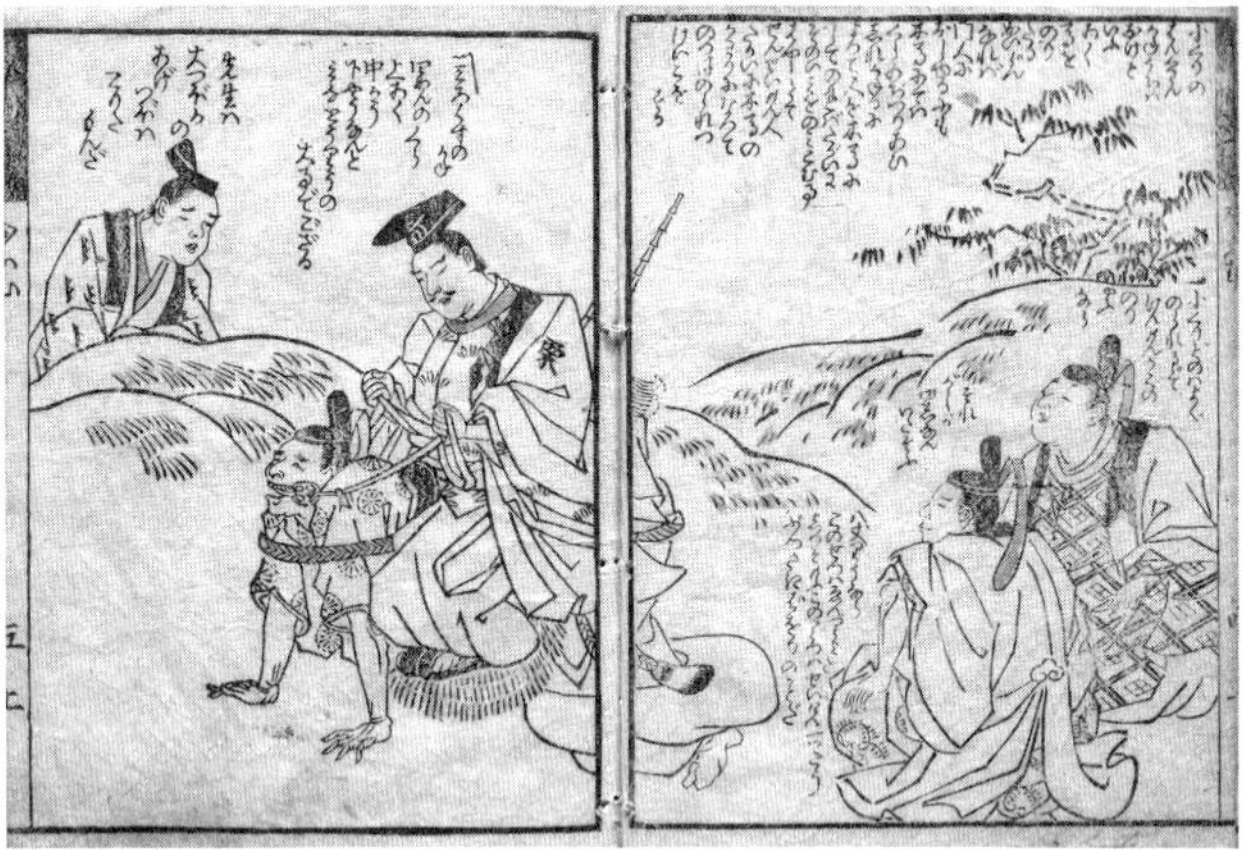

『鸚鵡返文武二道』三巻　国立国会図書館蔵

恋川春町は、延享元年（１７４４年）に生まれた、駿河小島藩の武士でした。戯作者として有名ですが、浮世絵も狂歌も才能があり、『金々先生栄花夢』では挿絵も自ら描き、黄表紙というジャンルを開拓し、流行作家となりました。狂歌では酒上《さけのうえの》不埒《ふらち》という名前を使っています。『鸚鵡《おうむ》返《がえし》文武《ぶんぶの》二道《ふたみち》』が松平定信の寛政の改革を批判したとして、幕府から呼び出しを受けますが、病と称して出頭せず、寛政元年（１７８９年）７月７日に死去しています。自殺ともいわれています。その墓が成覚寺にあるのです。

淡島寒月《あわしまかんげつ》

参列者の名簿の最初は、淡島寒月です。淡島寒月は、安政６年（１８５９年）に生まれています。若い頃は西洋に移住したいと考えていて、日本文化について聞かれると思い、勉強をしていました。井原西鶴を再評価したことでも有名です。また、郷土玩具の収集など多くの趣味を持っていました。収集した物で、自宅は私設の博物館のようになっていたようですが、関東大震災ですべてを失います。

幸田露伴が、淡島が亡くなった後に『淡島寒月《あわしまかんげつ》氏』という一文をしたためています。

> 氏の極若い時は無論予は知らぬ。然《しか》し氏から聞いたところでは、氏は極若い時は当時の所謂《いわゆる》文明開化の風の崇拝者で、今で云えば大《だい》のハイカラであったのだ。何でも西洋風の事が好きであったとの事だった。
> （中略）然し予が氏を知った時分は、氏は既に日本趣味の人であつた（中略）人類学を研究するなぞという然様いう肩の張った訳《わけ》では無かったらしいが、原人土器採集や比較などにも興味を有して、数〻近在へ出掛けられたが、予は土器いじりは好まなかったから余り知らぬ。然し一日、土器破片を氏が模造しているのを見て、実に其の好事に驚いた。何千年前の土器の破片を模造して、そして楽しんで居る人が、他に何所に有ろう。すべて此様な調子で自ら娯《たのし》んでいたのが、氏の面目で有った。
> 氏の一生を通じて、氏は余り有るの聡明を有していながら、それを濫用せず、おと

なしく身を保って、そして人の事にも余り立入らぬ代りに、人にも厄介を掛けず人をも煩わさず、来れば拒まず、去れば追わずという調子で、至極穏《おだ》やかに、名利を求めず、ただ趣味に生きて、楽しく長命した人で有った。

ちなみに、寒月の父親は淡島椿岳《ちんがく》という画家ですが、寒月と同じように趣味に生きた人です。日本人で初めてピアノを弾き、ジオラマの興行を行ったり、江戸趣味に耽《ふけ》ったりしています。実家は馬喰町で淡島屋というお菓子屋を経営していました。名物は軽焼《かるやき》で「病が軽く済む」と病気見舞いに重宝され、繁盛していたといいます。

永井荷風

永井荷風は明治12年（1879年）に生まれています。フランスから帰った明治41年から大正７年（1918年）まで新宿区の余丁町《よちょうまち》に暮らしました。明治43年（1910年）には森鷗外などの推薦で慶應大学の教授に就任しています。ここに住んだのは荷風が30代の頃で、ここで『あめりか物語』や『ふらんす物語』を執筆し、その後『歓楽』、『すみだ川』、『冷笑』など日本の風物への感心を綴った作品を書いています。余丁町には東京監獄があったため、『監獄署の裏』という作品も書きました。余丁町に住んでいた明治44年に大逆事件が起こります。後の作品になりますが、『花火』（『永井荷風』ちくま日本文学）という作品の中で当時のことを次のように書いています。

明治四十四年慶応義塾《けいおうぎじゆく》に通勤する頃、わたしはその道すがら折々市ヶ谷の通で囚人《しゆうじん》馬車が五六台も引続いて日比谷の裁判所の方へ走って行くのを見た。わたしはこれまで見聞した世上の事件の中で、この折ほど云うに云われない厭《いや》な心持のした事はなかった。わたしは文学者たる以上この思想問題について黙《もく》していてはならない。小説家ゾラはドレフュー事件について正義を叫んだため国外に亡命したではないか。しかしわたしは世の文学者と共に何も言わなかった。私は何となく良心の苦痛に堪《た》えられぬような気がした。わたしは自ら文学者たる事について甚《はなは》だしき羞恥《しゆうち》を感じた。以来わたしは自分の芸術の品位を江戸戯作者《げさくしや》のなした程度まで引下げるに如《し》くはないと思案した。その頃からわたしは煙草入《たばこいれ》をさげ浮世絵《うきよえ》を集め三味線《しやみせん》をひきはじめた。わたしは江戸末代の戯作者《げさくしや》や浮世絵師が浦賀《うらが》へ黒船が来ようが桜田御門《さくらだごもん》で大老が暗殺されようがそんな事は下民の与《あずか》り知った事ではない――否とやかく申すのはかえって畏多《おそれおお》い事だと、すまして春本《しゆんぼん》や春画をかいていたその瞬間《しゆんかん》の胸中をば呆《あき》れるよりはむしろ尊敬しようと思立ったのである。

大逆事件に対して、何も発言しない自分を恥じ、文学者としての資格はないとして、江戸戯作者のように身を引き下げようとしたと書いています。

また、荷風は腸が弱かったため、余丁町の離れを断腸亭と名づけ、随筆『断腸亭雑稾《ざっこう》』や日記『断腸亭日乗』を著しました。

内田魯庵《ろあん》

内田魯庵は、慶応4年（1868年）に生まれます。東京専門学校（現在の早稲田大学）に学びますが、卒業はしていません。作家、評論家、翻訳家として活躍しますが、明治34年（1901年）に書籍部門の顧問として丸善に入社し、ブリタニカ百科事典の販売にあたります。丸善のPR誌『学灯《がくとう》』の編集にも携わりました。トルストイやオスカー・ワイルドなど、当時の同時代の海外作品の翻訳で知られますが、民具の収集や趣味の会を主宰するなど、江戸趣味の人脈も多く、博識で知られていました。

内田は、丸善に入社した頃から亡くなる直前まで、約30年間にわたり新宿区内を転々としています。最も長く住んだのは柏木で、大正3年から14年まで住んでいました。交流があったかどうかはわかりませんが、同じ番地には大杉栄《さかえ》と伊藤野枝も住んでいました。

山中笑《えむ》

山中笑は、嘉永3年（1850年）に新宿区の四谷で生まれました。明治15年（1882年）にメソジスト派の牧師となります。明治19年に赴任した甲府教会で、庶民の生活史を見分し、『東京人類学雑誌』に発表し、「甲斐の落葉」としてまとめています。明治45年（1912年）には牧師を辞め、民俗学研究に専念しています。山中が編集して次に紹介する三村清三郎が補った『江戸の地名に関する洒落言葉』には「銭が内藤新宿」が取りあげられています。

三村清三郎

三村清三郎は、明治9年（1876年）に京橋で生まれました。12歳で丁稚《でっち》奉公に出ています。小遣いを貯めて、本を買い、8年間で小舟1艘《そう》分の本を読んだといわれています。市井の学者として一家をなしました。生業としては京橋で竹問屋を営んでいたので、「竹清」を号としています。

また、書画や篆刻《てんこく》も一流で、坪内逍遥の墓銘碑は三村が揮毫《きごう》しています。三村の明治43年から昭和28年までの日記『不秋草堂日歴』は、早稲田大学にある演劇博物館に収蔵されています。今回、恋川春町の祥月命日についての日記を調べてみたのですが、残念ながらちょうどその頃の日記が欠けていました。

古本屋

法要には、古本屋が何人か出席しています。

一人目は村田幸吉。芝日陰町で村幸を経営していました。古書月報昭和10年5月号に載った東国堂「吉田卯之助」の聞き書きによれば、「日陰町の村幸、この店は私と同じ並びで、九尺間口の小さなものでした。主として軟派物や、俳書、蒟蒻本《こんにゃくぼん》、金平本、黄表紙、錦絵などを置き、只今ならば珍本に類するものを取り扱っていた」とされています。

二人目は吉田吉五郎。下谷で吉田書店を経営していました。下谷の吉田書店で「したよし」と呼ばれていました。荷風の『古本評判記』では、「俳書浄瑠璃本黄表紙洒落本なぞに明きは下谷御徒町の吉田なるべし」とされています。吉田の事績については、孫にあたる松山荘二による『「古書肆したよし」の記』に詳しく書かれています。三田村鳶魚《えんぎょ》とは特に親しく、鳶魚がほしい本は貸して、鳶魚が書き写していたといわれています。

三人目は石川巌。史料編纂所の職員でしたが、その後古書店「詩仙堂」を経営していました。頑固なので、がんさんと呼ばれていたそうです。編書に『三都洒落本』があります。

三田村鳶魚

三田村鳶魚が参列者名簿の最後を飾っています。署名は晩年の号、三田村玄龍となっています。三田村は明治3年（1870年）に八王子の千人同心の家に生まれました。自由民権運動に参加し、報知新聞記者などを経て江戸風俗の研究者になっています。その業績から江戸学の祖と呼ばれています。

三田村も会員になっていますが、この法要には「集古会」という古器物を持ち寄り、語り合うという趣味の会の会員が多く参加しています。そして多分、この法要を主宰したのは三田村ではないかと想像されます。内藤新宿の香りが残る新宿二丁目で、恋川春町という江戸の戯作者を偲《しの》ぶ会が開かれたことは、新宿の歴史としてとても意義のある一日だったと思われます。

多様性のまちへ

昭和33年（1958年）に売春防止法が本格実施され、新宿遊郭は終わりを迎えます。そして、新宿二丁目周辺の店が空き家になりました。従来のイメージがあったため、あまりスタンダードな店は入らず、そこに他所ではあまり歓迎されていなかった同性愛者のゲイバーが移ってきたといわれています。

しかし、昭和の時代、ゲイなどのＬＧＢＴＱの人たちは偏見の中にありました。反社会的なものとして位置付けられていたのが現実です。それが平成以降、偏見はまだまだ残ってはいますが、徐々にテレビなどで見かけるようになってきました。

しかし、同じように有名なサンフランシスコのカストロ・ストリートと比較すると、もっと自己主張ができる街になっても良いのではとも思われます。カストロ・ストリートには大きなレインボーフラッグが翻っています。また、そのことの善し悪しは別として、サンフランシスコで一番家賃が高い街だそうです。

いずれにしろ、現在は、二丁目として新宿をつけなくても日本中で、あるいは世界でも通用する街です。クイーンのフレディ・マーキュリーなど多くの人も二丁目を訪れていています。また、ＬＧＢＴＱでない人たちも訪れる観光地のようになりました。今後はどのように変化していくのか、目を離せない街です。

【コラム】新宿一、二丁目を歩く

新宿一、二丁目の街歩きは、東京メトロ新宿御苑前の駅の2番出口から始まります。出口の階段を上がったところが現在の新宿通り、かつての甲州街道です。出口を出て左に行き、すぐの交差点を左折します。そしてコンビニがある二本目の路地を右折します。150メートルほど直進すると花園公園があります。ここは三遊亭円朝旧居跡です。

円朝旧居跡

三遊亭円朝は、天保10年（1839年）に落語家初代橘家円太郎の息子として湯島切通町で生まれています。7歳で高座に上がり、安政2年（1855年）には17歳で、円朝を名乗り真打に昇進しています。『怪談牡丹灯籠《ぼたんどうろう》』、『真景累ケ淵《しんけいかさねがふち》』、『怪談乳房榎《ちぶさえのき》』などを創作しています。

明治25年（1892年）には、牡丹灯籠が歌舞伎として上演され、大盛況となっています。落語家という範疇《はんちゅう》で捉えられていますが、二葉亭四迷が『浮雲』を書く際に円朝の落語の口演速記を参考にしたともいわれており、言文一致体の生みの親の一人といえます。文学の面からも、もっと評価されても良いのではないでしょうか。新宿一丁目には明治21

年から明治28年（1895年）まで住んでいました。

花園公園に隣接して花園小学校があります。日本では珍しい、学校と公園が一体化したスクールパークになっていて、上手に共存しています。

花園公園を学校の方に回り、花園小学校の前の道を行くと花園東公園があります。青山二郎が住んでいた花園アパートがあったといわれるのは、その先のトヨタモビリティ東京の辺りです。

花園小学校の前に戻り、右に行きましょう。しばらく歩くと左側に新宿公園があります。新宿公園の手前を左に曲がります。するとすぐに太宗寺に着きます。

太宗寺

太宗寺は、以前はもっと敷地が広く、甲州街道に面していました。夏目漱石がよじ登ったりした

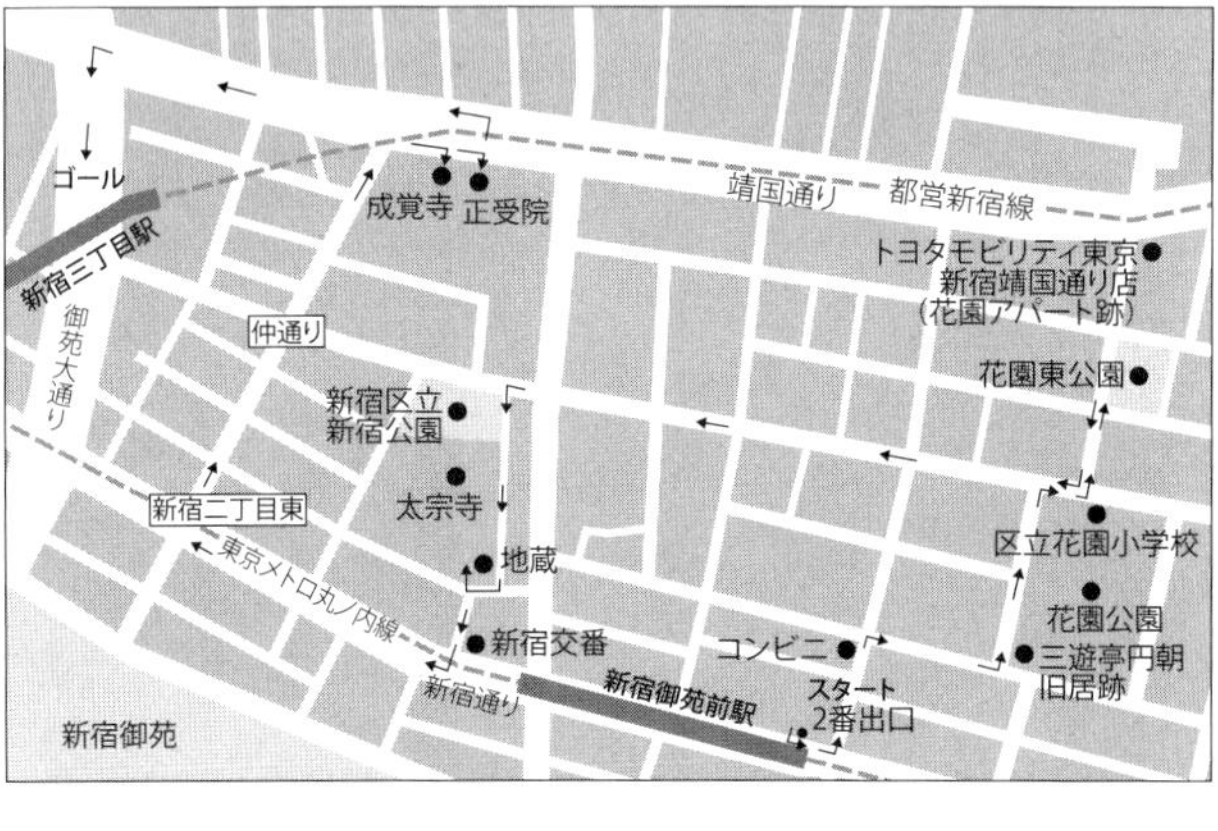

お地蔵様も甲州街道の方を向いていたようですが、現在は境内に入ってすぐの右側に西側を向いて座っています。お地蔵様を見て奥に進むと閻魔堂《えんまどう》があります。

閻魔堂には閻魔像と奪衣婆《だつえば》像が安置され、いずれも新宿区の指定有形民俗文化財となっています。閻魔像は、「内藤新宿のお閻魔さん」として信仰を集めました。文化11年（1814年）に安置されたと伝えられますが、関東大震災で破損し、制作当初の部分は頭部のみとなっています。

かつては、藪入りの閻魔大王の縁日が大にぎわいで、新宿追分の交差点まで露店が連なっていたということです。また、弘化4年（1847年）には泥酔した男がよじ登り目玉をくりぬいたところ、突然体がすくみ転げ落ちて御用になるという事件がありました。閻魔さんの霊験だと評判になり、事件を描いた錦絵も売り出されました。

閻魔像の左手には奪衣婆像が安置されています。奪衣婆は、閻魔大王につかえる者で、三途の川で死者の衣服をはぎ取ることから、そう呼ばれているとのことです。明治3年に安置されたと伝えられていますが、昭和の初めに作り直された可能性が高いとされています。

モダンな本堂に入ると観無量寿経曼荼羅があります。奈良県当麻寺《たいまでら》の感無量寿経曼荼羅を忠実に模写したものです。画像の外側には当麻《たいま》曼荼羅の表装を模写した描表装《かきびょうそう》が描かれており、その周囲に大正3年（1914年）に改めて表装がされました。制作年代、作者は不明ですが、江戸時代前半には制作されたものと推定されています。新宿区指定有形文化財になっています。

太宗寺を出てまっすぐに進むと角に交番があり、新宿通りに出ます。この交番のあるビルが夏目漱石の住んでいた場所だと思われます。

仲通り

新宿通りを右へしばらく進むと、新宿二丁目東の信号があります。

この交差点の筋向いにガラス張りのオフィスビルがありますが、ここにかつてラシントンパレスというビルがありました。ワシントンの間違いと思うのですが、ラシントンでした。漢字だと羅府会館なので、ロサンゼルスのはずです。なんとも不思議なビルでした。ビルの下には飲食店も入っていましたので、行ったことがあります。最上階に円形の部分があり、最初はレストランだったようですが、その後はスポーツジムになっていて怪しげな雰囲気でした。

右に曲がった通りが「仲通り」です。ここが二丁目のメインストリートです。仲通りがにぎやかになるのは夜の9時以降のようです。興味のある方はその頃にゆっくり歩いてみてください。

会員制と標示のある店は入れませんが、「観光バー」という店は誰でも入れ、初めての方も歓迎と書いてあったりします。女性の方でも大丈夫です。

成覚寺

仲通りをゆっくり歩いて靖国通りにぶつかり右に曲がると、すぐに成覚寺があります。入口の階段を下りて、左側に入口に戻るように歩くと旭地蔵があります。もともとは旭町（現在の新宿四丁目）の玉川上水北岸にあったため、旭地蔵と呼ばれます。お地蔵様の座る蓮座の下には円筒状の台石があり、18人の戒名が刻まれています。玉川上水に身を投げた人を供養するために建立されたものです。このうち7組は、心中した内藤新宿の遊女と客であるといわれています。明治12年（1879年）に成覚寺に移されてい

ます。新宿区指定の有形文化財です。

旭地蔵の隣に新宿区の史跡に指定されている恋川春町の墓があります。黄表紙は、現代の漫画や劇画の祖先のようなものであり、気軽に読めるものとして江戸時代に流行しました。自殺か病死か明確にはわかりませんが、恋川春町の死を一つの契機として黄表紙は衰退していきます。

境内を本堂の方に戻る途中に、子供合埋《ごうまい》碑《ひ》があります。江戸時代、成覚寺は投げ込み寺と呼ばれ、年季途中で病死した飯売女が多数葬られました。この碑は、万延元年（１８６０年）に口入れ屋山口屋崇八が中心になり、内藤新宿の旅籠屋が飯売女の供養のために建立したものです。新宿区の指定文化財になっています。

正受院

成覚寺を出て右側に正受院があります。ここにも、新宿区の指定有形民俗文化財になっている奪衣婆像があります。入ると右側に奪衣婆のお堂があります。正受院の奪

衣婆は、咳止めや子どもの虫封じに霊験があるとされました。当時、咳止め祈願のお礼参りには、綿を奉納したので通称「綿のおばば」と呼ばれます。江戸時代初期の作と推定され、像底の羽目板には元禄14年に修復したという墨書があります。

この像は、正受院に押し入った泥棒が、奪衣婆の霊力で動けなくなり捕まったという話や、奉納された綿に灯明の火が付いたのですが、奪衣婆が消したという話が広まり、幕末に大変人気となり、多くの参拝客を集めました。あまりに流行りすぎたので、寺社奉行の取り締まりを受け、それ以降は正月と7月16日しか参詣が許されなくなったということです。現在はいつでもお参りすることができます。

正受院は会津松平家の菩提寺でもありました。大正6年に会津に改葬されていますので何も残っていませんが、かつては幕末の会津藩主松平容保《かたもり》の墓もありました。松平容保は、四谷の津の守坂で生まれていますので、この辺は地元といって差し支えないと思います。

正受院を出て、靖国通りを左に行き、御苑大通りを左に曲がると地下鉄新宿三丁目の駅があります。

第4章 歌舞伎町の謎

歌舞伎町一丁目・モナミビル（ディスコ MUGEN）前（昭和52年）

歌舞伎町は、東京を代表する繁華街の一つとして、世界中から多くの観光客が集まっています。歌舞伎町はその知名度や名前から歴史ある繁華街と思われがちですが、今のような繁華街となったのは、第二次世界大戦の後からです。一時はボッタクリなどの負の側面が目立ち、危ない街とも指摘されていましたが、現在は歌舞伎町のまちづくりを進めている歌舞伎町タウン・マネージメントなどの地域の努力もあり、随分と改善されています。

アメリカで出版されている旅行ガイド『ロンリープラネット』では、歌舞伎町の紹介で「Tokyo's most notorious red-light district. Remarkably, the area is generally safe (and much more interesting) to walk through at night. 東京で最も悪名高い歓楽街。注目すべきは、この地域は夜に散歩しても総じて安全だ（そしてより興味深い）」と書いています。

歌舞伎町の歴史を振り返りながら、歌舞伎町の謎を解いていきましょう。

武蔵野だった歌舞伎町

新宿自体が明治時代に鉄道が通り、駅ができたことにより発展した新しい街ですが、歌舞伎町はより新しく、第二次世界大戦後にできた街です。明治時代は元大村藩主大村家の別荘があり、「大村の山」と呼ばれていました。鬱蒼とした森の中央に大きな池があり、鴨場として知られていました。大正の初め、尾張銀行頭取の峯島家が買収し、森を開き、今度は「尾張家の原」と呼ばれるようになったのです。

謎その1　歌舞伎町には川が流れていた?

歌舞伎町には、西武新宿駅の北側辺りを水源とする蟹川という川が、歌舞伎町1丁目と二丁目の境となっている花道通りを流れていました。国木田独歩の『武蔵野』に描かれたのは渋谷ですが、新宿も同じような風景だったのでしょう。「武蔵野に散歩する人は、道に迷うことを苦にしてはならない。どの路でも足の向くほうへゆけばかならずそこに見るべく、聞くべく、感ずべき獲物がある。」と独歩は書いています。森があり、池があり、川がある。それが歌舞伎町だったのです。もっとも、当時は歌舞伎町の名前もなく、当時は新宿三丁目と同じく角筈と呼ばれていました。

その後、大正9年に現在の都立富士高等学校の前身である、府立第五高等女学校が東宝ビルの場所に創設されました。関東大震災以降に少しずつ住宅が建ち始めましたが、それらも昭和20年の空襲ですべてが灰燼《かいじん》と帰しました。

立ち上がった町会長

角筈北町会の町会長であった鈴木喜兵衛は、敗戦の知らせを疎開先である日光で聞きました。そして日本の将来を見据えて、観光国家こそ各国に憎まれる心配もなく、敗戦国日本の生き延びる道だと考えます。喜兵衛は、さっそく行動に移します。

8月18日早朝に、再建の意欲に燃えた喜兵衛は、日光を出発しました。翌日、歌舞伎町の焼け跡に駆け付けます。そこには、カボチャが青々と生い茂り、太い茎が伸び放題に伸び、黄色い花が咲き乱れていて、焼け跡が夏の野面に変じていました。そこで、住民の行方を調べた喜兵衛は、下北沢に同じ町会の杉山氏を訪ね、次のようなやり取りをします。鈴木喜兵衛氏の著書『歌舞伎町』から引用します。

鈴木　「北町会を都市計画に準じて計画復興したいと思うのですが、手伝ってくれませんか。」

杉山　「計画復興とはどんな事ですか。」

鈴木　「復興協力会をつくり、借地権を一本にまとめ、土地を自由にすることを地主から任せてもらい、都市計画で新しく道路をつけなおし、区画を整理してから、地割して会員に建築させる。世間でまごまごしている間に道義的な繁華街に仕上げる。こういう計画です。」
杉山「結構な話ですが、うまくいきますか。第一地主が土地を自由にさせるでしょうか。」
鈴木「府立第五女学校を移転させた縁もあって、地主のほうは自信があるのですが、むしろ借地権をまとめることに困難があると思っているのですが、それもある程度の自信を持っています。」
杉山「そう行けばうまいが、なかなか出来ない事ではないですか。それより、お互いにこれからどうして家業を立て直していくかを、まず心配すべきではないですか。現にまだ見当もつきませんよ。」
鈴木「しかし杉山さん。いま心ある者は自分のことなど考えている時じゃないと思うのです。朝日新聞に木材が全然足りないという話が出ていました。こういう時にお互いが勝手に家を建てたり、壊したり、また建てたりという不経済なことをしてはいけないと思います。この際、借地権をたくさん持っている者は、納得のいく方法があれば、進んで解放し、土地利用の再組織をすべきだと思うのです。私は、借地権のあるなしにかかわらず、町会で戦災した人を糾合して集団の計画復興を決行しようと思うのです。困難は勿論《もちろん》あろうが、必ず実行できると思っております。それで、私は、信頼のできる同志に手伝ってもらって、われわれの町の計画復興をしようという訳ですから、是非手伝ってください。」
杉山「判りました。できる限りお手伝いいたしましょう。」
鈴木「復興協力会として発足したいので、趣意書の原稿は書いてありますが、あなたに副会長になってもらいたいのです。」
杉山「承知しました。」

そして、8月23日には、復興趣意書を町会員に発送しています。10月の半ば頃に、東京都の石川都市計画課長と計画に関する具体的な打ち合わせを行いました。

「今まで災害のあった都市で、理想的な復興計画を樹《た》ててもとかく土地問題が錯綜《さくそう》して、なかなか理想の計画が実現できなかった。ここは幸い土地問題の解決ができているから、芸能広場のある理想的な文化施設の計画を樹てよう。」ということになり、計画したのが、現在のアミューズメントセンターの歌舞伎町です。初期の計画では、大劇場2、映画館4、お子様劇場1、演芸場1、大総合娯楽館1、大ソーシャルダンスホール1、その他ホテル、公衆浴場を配するというものでした。

謎その２　歌舞伎町の名づけ親は？

歌舞伎町の名づけ親は東京都の石川都市計画課長です。歌舞伎劇場ができるなら、歌舞伎町にと名づけ、昭和23年に角筈一丁目の北半分とその北に隣接する東大久保三丁目の一部を併合して成立しました。

石川栄耀《ひであき》は、東京の戦災復興都市計画を担当した日本を代表する都市計画家の一人でした。日本都市計画学会では、石川を記念して「都市計画に関する独創的または啓発的な業績により、都市計画の進歩、発展に顕著な貢献をした個人または団体に贈られる都市計画の最高賞」を、石川賞としています。

10月23日、第一回復興協力会総会が開かれます。鈴木はこんなあいさつをしています。「皆さんと協力して道義的繁華街の建設をいたしたいと念願している次第であります。しからば道義的繁華街とは何ぞやと申しますと、（中略）物を売るにもお客様の立場になって商売をする。私はこれを道義商道と思い、この道義商道に基づく繁華街を皆様とともに建設いたしたいのであります。（中略）

地主さんには既にお願いしてありますが、建設が終わるまで、地代は安くしていただく。

そうして建設ができたら、吾々《われわれ》から進んで地代を上げていただく。地主も借地人もお互いの立場を理解しあって、親子兄弟のような関係で賃貸借がいたしたいのです。」

10月27日の朝日新聞にはこんな記事が載りました。

地主も喜んで協力　古巣に築く理想郷　淀橋　音頭取りは町会長
町会挙《こぞ》って集団復興
簡易住宅の建築が土地問題復興資材関係などから円滑に運ばず、一方物件停止令の生んだ早い者勝ちの無軌道なバラックが正常な復興の歩みを阻むなど、明かるべき新建設の前途に暗い影を投げているとき、信頼される旧町会長を中心に戦災都民の自発的に盛り上がる復興の熱意が旧北町会あげての「集団復興」の型を生み関係当局の期待と注目のうちに実行に移されている。去る4月5月、二度の戦災で焼け残りなしの全滅を食らった新宿駅前北側の旧角筈一丁目北町会がそれだ。既に戦災復帰者を糾合して懐かしい古巣の復興協力会を結成。厄介な土地問題も解決して一両日中仲良く区画の地割を行い、早急に整地作業を行うという音頭取りは旧町会長の鈴木喜兵衛氏。戦う町会長の良き指導者だった同町会長は平和建設でもみんなの信頼を担って

一　すべて共同してやる
一　たとえ仮建築ながら将来生まれ出る理想帝都の縮図を町会に提出する
一　建物ができれば明るい親切な道義の商店街とする
の三つを信条にしている。
（後略）

鈴木喜兵衛の行動力には恐れ入るほかはありません。鈴木は、一月くらいで見通しが付かなければ、サラリと見切りを付けて金儲けに専念するつもりだったと述べていますが、わずか20日余りで地主の協力を得て、借地権の解放の見通しを付け、計画を実行できるようにしています。では鈴木自身の生活はどうだったのかというと、6年間に7回の引っ越しをしています。娘婿の家や友人宅の押し入れ、事務所に寝たりしていました。自宅を建築しますが、後述する博覧会の後始末で自宅を売りに出したりしています。郷里の家屋敷も売り、信州の別荘地も処分しています。なかなかできないことです。

謎その3　歌舞伎劇場の名前は？

歌舞伎劇場の名前は「菊座」と決まっていました。戦前の新宿には新歌舞伎座という歌舞伎劇場があったのですが、営業不振で映画館「第一劇場」に変わっていました。したがって、新宿の土地柄もあり、歌舞伎劇場ができたとしても、うまくいくかどうかは未知数だったのです。一方で、進駐軍は日本の民族精神をテーマとする演劇を上演禁止とし、歌舞伎の存続も危ぶまれていましたので、鈴木喜兵衛としては、日本の伝統芸能を守ろうとする気持ちもあったのではないかと想像されます。

歌舞伎町の復興計画を中断させないために、鈴木は昭和25年4月から6月まで、「東京産業文化博覧会」を開催します。第二次世界大戦後、東京で開かれた初の博覧会です。名誉総裁には、時の総理大臣吉田茂が就任し、第一会場を歌舞伎町に、第二会場を新宿御苑に、第三会場を新宿駅西口にしました。多くの入場者が期待されましたが、興行的には成功ではなく、主導した鈴木は多額の借財を抱えました。戦後最大の赤字とまで言われましたが、鈴木は私財をなげうち、借金を返したのです。

現在のシネシティ広場を中心に、産業館、二号館、三号館、四号館、児童館、屋外劇場館などが建設されました。その建物が、スケートリンクや映画館になり、歌舞伎町の骨格ができあがりました。結果的には、博覧会のおかげで歌舞伎町の名は全国的に知られるようになり、新宿の一部となったのです。

謎その4　コマ劇場の「コマ」の意味とは？

昭和31年、歌舞伎町に新宿コマ劇場が完成します。現在のゴジラがいる東宝ビルの場所にできた座席数2000を超える都内最大級の規模の劇場でした。こけら落としは、映画『オクラホマ！』の上映でした。

コマ劇場の由来は、三段の円形舞台がコマのように回りながらせり上がる仕掛けが施されていることによるものです。コマ劇場ができたときには、周辺の住民におもちゃのコマが記念品として配られました。

残念ながら歌舞伎劇場はできませんでしたが、鈴木は芸能施設の誘致を働きかけ続け、東宝を説得して誕生したのがコマ劇場でした。コマ劇場は、歌舞伎町はもとより新宿のシンボル、ランドマークとなりました。昭和33年には第9回の紅白歌合戦も開かれています。

コマ劇場は、美空ひばりや北島三郎といった演歌界の大物が出演したことから、演歌の殿

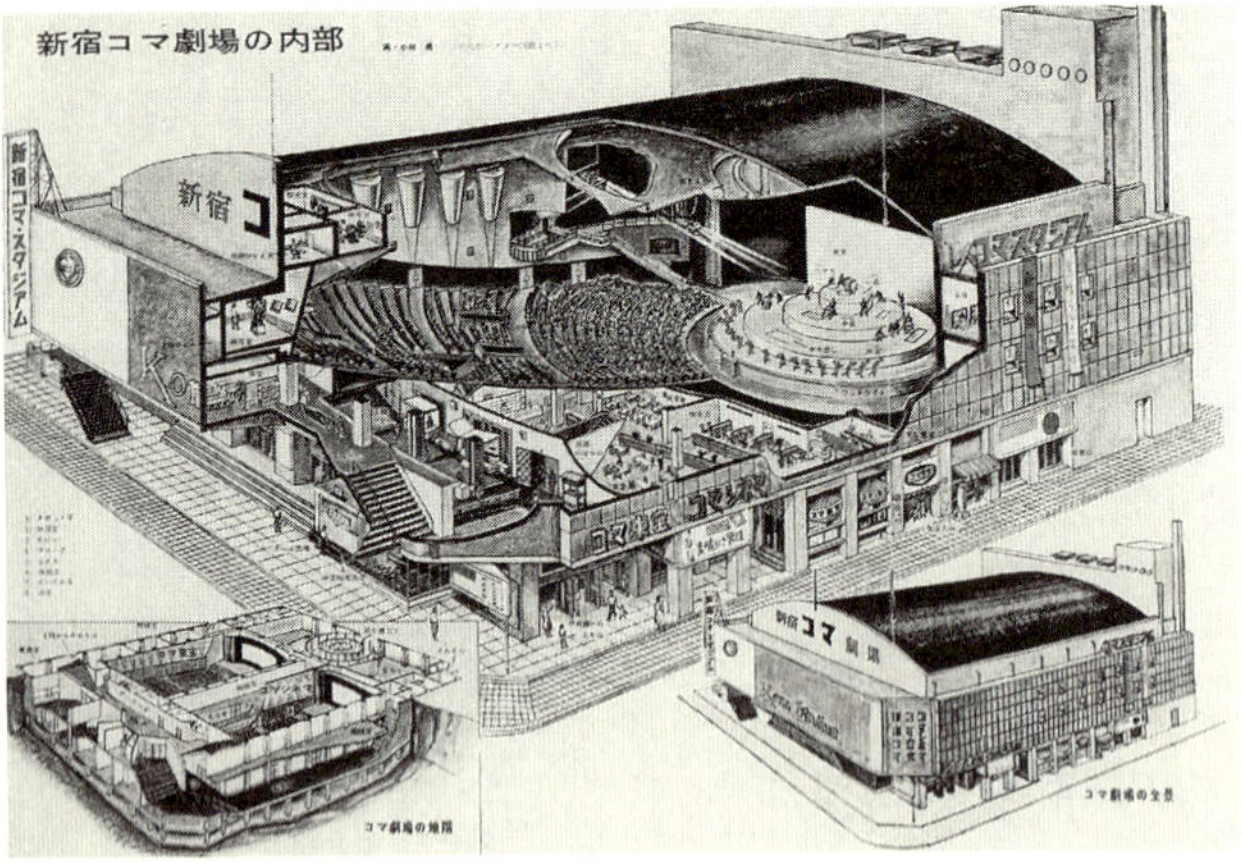

新宿コマ劇場内部　小林勇画『平凡社パノラマ図鑑』より転載

堂と呼ばれていましたが、ミュージカルやボリショイ劇場バレエ団、宝塚歌劇といった多彩な興行も行われていました。

新宿コマ劇場は、開設以来４０００万人以上の観客を集めました。一方で、施設の老朽化もあり、歌舞伎町の再開発の一環として、平成20年に52年の歴史を閉じています。

それが、平成27年に、地上30階地下１階の新宿東宝ビルとして復活します。ビルの８階にはゴジラヘッドがあり、歌舞伎町の新たなシンボルとなりました。それまで、セントラルロードと呼ばれていた歌舞伎町のメインストリートも、ゴジラストリートと名前を変え、昼の12時から夜の８時まで１時間おきにゴジラが吠えています。新宿東宝ビルには、最新のシネコン、ＴＯＨＯシネマズ新宿やホテルグレイスリー新宿が入り、鈴木喜兵衛の目指した「道義的繁華街」に近づきつつあります。

謎その5　歌舞伎町はなぜ迷路化した?

歌舞伎町は都市計画で作られたため、道路には大きな特徴があります。

歌舞伎町のタウンデザインは、T字路で町内を構成するという斬新なものでした。道の入口に立てば正面に店が見え、しかし、次の空間はそこまで行き右折、あるいは左折しなければ見えてきません。このため、人は自然と街に引き込まれていきます。こうした複数のT字路の組み合わせでできあがった迷路のような空間が、人をわくわくさせる活力を生み出し、街としての懐の深さを生み出しています。

『歌舞伎町60年史』には、鈴木喜兵衛が中心となり考案したと書いてあります。正確にはわかりませんが、東京都の石川都市計画課長が中心になり立案したのではないでしょうか。

謎その6　歌舞伎町の噴水は、なぜ閉鎖された?

レインボーガーデン（現在のシネシティ広場）の中央には噴水がありました。噴水には

歌舞伎町ヤングスポット開園式（昭和48年）

レインボーガーデンに相応しく7色のスポットライトが当たっていたということです。また、4種類の大きなプランターが飾られていました。新宿コマ劇場の上に架設された「愛情の鐘」からは「愛情の街」のメロディが流れていました。

昭和48年には、ヤングスポットと名前を変えて再整備されています。その時も噴水は残り、池の部分は大きくなっています。

当時、東京6大学野球は、現在では想像もつかないほどの人気がありました。早慶戦の後は、早稲田大学の学生が歌舞伎町のヤングスポットに集まり、朝まで大騒ぎしていました。学生が柱に登り、池に飛び込んだため、池はいつの間にか埋め立てられてしまいました。

その後、平成になりヤングスポットにはホームレスが住み着くようになりました。雰囲気も悪く、誰も来ない広場を再生させようと、新宿が映画の町であることにあわせて平成19年（2007年）にシネシティ広場として再整備しました。さらに、平成28年には中心にあった段差をなくし、完全にフラットなイベント広場となっています。

謎その7　歌舞伎町のモデルは東南アジア？

シネシティ広場は、法律上の位置付けは道路なのです。どうも日本では、広場や公園を大事にしない風潮があるような気がします。道路と位置付けられた経緯は不明なのですが、周囲の建物の建築との関係があるようです。

歌舞伎町商店主たちの東南アジア視察旅行

昭和41年1月22日から2月3日までの13日間、歌舞伎町商店街振興組合の14名の組合員が、東南アジア商業視察に出かけています。行先はマニラ、シンガポール、クアラルンプール、ペナン、バンコク、香港、マカオ、台北の8都市、7か国を回っています。歌舞伎町商店街振興組合の機関紙『歌舞伎町ニュース』に視察報告が掲載されていました。

最初の訪問地マニラでは、ルネタ公園の間接照明を利用した夜景の素晴らしさに驚き、レインボーガーデンの照明に用いたいとしています。市民の8割以上がカトリックであるため、マニラの商店街は日曜日が休みになっていることで、従業員の休みをどうするかという労務管理問題の解決がされており、組合員たちはうらやましく感じています。大統領官邸などを見学の後、夕食時に富士山の氷彫刻やさくらさくらの歌などのプレゼントをもらい、フィリピンの人々のおもてなしや国際感覚にも感激しています。

シンガポールでは、日本やヨーロッパなどの外国産の商品が安く、多いことに驚いています。街路でインド人によるコブラの踊りを見たり、ワニ革商店で商魂のたくましさに感動したりと楽しんでいる様子が窺えます。夜店についても日本の露店よりも本格的と評しています。

クアラルンプールは、ペナンへのトランジットで短い滞在でしたが、まず空港が近代的でデラックスであると感激しました。バスで市内見学や郊外のバトゥ洞窟を見学しています。新市街は新宿副都心もこのようになるのではと想像しています。

ペナンでは、ホテルのサービスが好感をもてるとしています。また、ホテルの窓からの眺めになるほど東洋一の避暑地と感嘆しています。商店街の品物は各国の製品が豊富にあり、日本よりはるかに安価でした。

バンコクでは、為替レートが国内と国外で違い、国外では150バーツのものは国内では１００バーツで計算し、その差額は政府が徴収するとしています。また、中華総商会の副主席と懇談し、課題を語り合っています。

香港では、日本人観光客の予想外に多いこと、マカオでは住民が無税であること、台北では道端に高射砲のあることなどに驚いています。全体の感想としては、日本はロシアや中国を除いてアジアでは強国であることを再認識したとしています。また、各国が労務管理では、案外労基法に適した基準を順守していたことを挙げています。さらに、各地とも観光には政府も国民も大きな関心を持って推進していることを報告しています。

昭和41年の海外旅行者は21万２４０９人、現在は１８００万人以上です。まだまだ気軽に海外に行ける時代ではありませんでした。これだけ早い時期に商店街で視察、それも東南アジアに行ったということ、またしっかり結果報告を公表していることには感服します。

謎その8　四季の路《みち》はもともと何だったのか？

歌舞伎町とゴールデン街の間に四季の路という道路のような遊歩道公園があります。

四季の路は都電の線路跡です。昭和45年3月に廃止された都電13系統（新宿駅前から水天宮前）の専用軌道敷を新宿区が東京都から譲り受け、昭和49年6月に遊歩道公園として整備しました。靖国通りから入り、ゴールデン街を越えると遊歩道が二つに分かれ、線路であったことがよくわかります。終点まで300メートルほど歩くと新宿五丁目になります。

歌舞伎町の変化

歌舞伎町が日本有数の繁華街へと成長し始めた昭和33年4月に売春防止法が本格実施され、赤線が廃止されました。政府統計では、赤線廃止後、女性たちは帰郷、就職または結婚したという結果が示されていました。売春業者は旅館、料理店、キャバレー、バーなどにさしたる混乱もなく転廃業を完了したとされています。

ところが『歌舞伎町60年史』では、実態は違っていたと書かれています。赤線地帯にいた業者や娼婦たちが、売春が禁止されたことで、歌舞伎町地域に流れ込んできたということです。しかも、法律上、売春や赤線地帯もなくなったことで、かえって無法状態となり歌舞伎町で売春行為が繰り広げられました。この法律の施行をきっかけとして、道義的な繁華街を目指していた歌舞伎町の実情は、大きく変化することになりました。

それまで、歌舞伎町に住んでいた商店主が、二代目や三代目のビルオーナーに変わり、

靖国通りと歌舞伎町（昭和36年）

歌舞伎町に愛着がなくなってきたことも、町の変化に大きな影響をあたえていると考えられます。

これに対し、様々な防止策が実行されます。警察と地域住民との連携による取り組みで徐々に環境は改善されました。しかし、その後もソープランドやノーパン喫茶、のぞき劇場など、時代時代の最先端となる性風俗店が次々とオープンしました。そのたびに歌舞伎町は性風俗最前線といった興味本位の記事が流され、いつしか歌舞伎町に対する負のイメージが人々の間に定着していってしまいました。

明星56ビル火災

平成13年（2001年）9月1日未明に、

歌舞伎町の雑居ビル・明星56ビルで火災が発生し、44人もの命が失われました。第二次世界大戦後の火事の中で5番目の犠牲者を出した火災です。実際に現場に行ってみると、なんでこんなところで44人もの人が亡くなったのかというほどの狭い敷地です。そこの3階と4階で多くの方が亡くなっています。

火事の規模としては、それほど大きくありませんでした。しかし、3階4階の店舗には避難経路が確保されておらず、非常階段には荷物などが山積みにされて通ることができませんでした。そのため、ほとんどの方が一酸化炭素中毒で亡くなったということです。

火事の原因は放火ではないかといわれていますが、確定していません。歌舞伎町にとっても本当に不幸な出来事でしたが、この後、歌舞伎町では消防庁などによる雑居ビルに対する一斉立ち入り検査が毎年行われ、是正指導がなされています。

ボッタクリへの対抗

平成27年から平成28年にかけて、歌舞伎町でのボッタクリが社会問題となりました。歌舞伎町交番には、被害を訴える人とボッタクリ店の店員が行列をなすという状況でした。それに対して商店街や街づくりのためにつくられた、歌舞伎町・タウンマネージメントが動きました。弁護士会に働きかけ、歌舞伎町商店街振興組合のビルの一室を提供して、若手弁護士を中心に深夜の歌舞伎町をパトロールしてもらう「ぼったくり被害110番」の取り組みをお願いしたのです。弁護士会では、平成27年6月から弁護士が延べ460回出動して、店側との交渉や被害者の相談にあたりました。

弁護士会の取り組みに対して、平成28年2月に感謝状が新宿区長から手渡されています。吉住新宿区長から「暴力団が背後にいる店舗などでは、交渉するにあたり危険もあったと思う。弁護士たちが危険に身をさらしながら、この街で悪事を働いたら必ず罰せられると知らしめ、地域の安全に大きく貢献してくれた」と感謝の念が述べられました。

歌舞伎町がクリーンな街へ　東急の再開発

歌舞伎町を代表する映画館の一つであった「東急ミラノ」と隣のカプセルホテル「グリーンプラザ」の跡地は再開発で、地上40階・地下5階、高さ約225メートルの高層複合施設に生まれ変わります。

多様な大衆娯楽文化を世界に発信するステージとなる劇場、ライブホール、映画館などの複合エンターテインメント施設のほか、グローバルツーリストの多様な滞在ニーズに対応するホテルや地域の社交場となるレストランなどの宿泊・交流機能を一体的に整備し、まちの核となる新たな都市観光拠点を創出するとしています。

施設は2022年度の竣工ということですので、楽しみに待ちたいと思います。

歌舞伎町二丁目

歌舞伎町二丁目ができたのは、比較的新しく昭和53年7月1日です。以前は、西大久保一丁目と東大久保三丁目と呼ばれていました。歌舞伎町二丁目は、戦前は住宅街でした。戦災で焼け野原となり、戦後は歌舞伎町の延長としての歓楽街やホテル街になっていきました。

ある意味で、歌舞伎町一丁目よりもディープな町です。二丁目を歩いてディープさを体験してほしいと思いますが、ここでは歌舞伎町二丁目の意外な一面を紹介します。

児童文学の拠点

歌舞伎町二丁目には、文化の拠点がありました。小説家・児童文学作家の鈴木三重吉が、昭和4年から昭和11年6月27日に亡くなるまで暮らしたのです。また、ここに児童文学雑誌『赤い鳥』の編集・出版を行った赤い鳥社がありました。

鈴木三重吉は、夏目漱石の門下の一員として、漱石宅での「木曜会」などにも参加をしていました。そこで、漱石に高く評価されたことをきっかけとして、児童文学作品も手掛けるようになりました。大正7年に『赤い鳥』を創刊しています。芥川龍之介の「蜘蛛の糸」や「杜子春」も『赤い鳥』に掲載された作品です。また、時期は違いますが、近くに住んでいた島崎藤村など多くの作家が作品を寄せています。『赤い鳥』は18年間にわたり、計196冊を刊行し、学校や地方の青年会などで輪読され、多くの青年に影響を与えました。

鈴木三重吉の運動は、多くの子どもたちに芸術と文学への親しみを植えつけました。また、児童文学・芸術に携わる多くの作家、児童文学者や芸術家を育成しました。『赤い鳥』は、日本の近代児童文学の出発点であり、その後の礎となる記念すべき雑誌です。この地は、近代児童文学や童謡の発祥・発展の地として、文学史上あるいは教育史上の重要な史跡ということで、新宿区の指定史跡となっています。

現在、赤い鳥社の跡にあるチェックメイトビルは、歌舞伎町二丁目に多いクラブやラウンジ、スナックが営業している、いわゆるソーシャルビルの一つです。ホームページによれば、昭和24年「藤や旅館」を開業し、昭和50年に旅館業を廃業。その跡地にチェックメイトビルを建設しています。1階のロビーから2階へ上がる階段の壁面の、エジプトのネフェルティティ王女がチェスをしているレリーフは、ビルのセールスポイントとなっています。24時間警備員が常駐している二丁目でも質の高いビルです。また非常に重要なことですが、平成26年に耐震検査を受け、東京都から耐震基準適合のお墨付きを得ています。

ゴールデン街

昭和24年(1949年)に、公道から露店を撤去するとの指示がGHQから出された際、尾津マーケットと新宿二丁目の露天商が、花園神社裏に隣接して移転したことからゴールデン街は始まりました。ゴールデン街という名称になったのは昭和40年のことです。

正式には南側が新宿ゴールデン街商業組合で、北側は新宿三光商店街振興組合ですが、現在は両方合わせてゴールデン街と呼ばれます。当初は、いわゆる青線(私娼街)として有名でした。1階で飲んで、女性と上へあがるという営業だったようです。その後、朝までやっている飲み屋街ということで、映画関係者、カメラマン、作家、編集者、新聞記者などが集まる、知る人ぞ知る場所となっていきました。ブレボケ写真の森山大道、作家で翻訳家の田中小実昌《こみまさ》、作家の色川武大(阿佐田哲也)、その他の文化人がゴールデン街で飲み歩き、いろいろな伝説が生まれました。現在は田中小実昌の孫が、ゴールデン街でお店を開いています。

田中小実昌は作家として知られていますが、ハードボイルド作家のレイモンド・チャンドラーの翻訳も行っています。よく知られている清水俊二による探偵フィリップ・マーロウは、「私はウイスキーを注いで、一息に飲みほした。」と訳されています。別の作品ですが、田中小実昌の訳では、「おれはマルティニをもって壁ぎわの小さなテーブルにいき、腰をおろして、タバコに火をつけた。」です。田中訳の方が雰囲気があるような気もしますが、いかがでしょうか。

ゴールデン街はコートの襟を立てて歩くのが似合う街だったのですが、昭和60年代のバブルの頃に地上げに遭い、櫛《くし》の歯が欠けたように営業を止める店がでて、元気がなくなってしまいました。現在は営業を止めた店舗に若い人が入り、店主となっています。また、誰もがゴールデン街を楽しめるように、納涼感謝祭ではワンコイン500円で1杯楽しめるサービスを行うなどもしています。さらに、外国人観光客も多く訪れる街になって、店によっては日本にいながら外国にいる雰囲気が味わえます。

新宿の映画館

シネシティ広場のある歌舞伎町ですが、大正期は浅草が映画の中心でした。昭和になり、武蔵野館に代表される新宿駅東口の映画館が、新興の映画街として盛り上がってきました。

第二次世界大戦により、そんなにぎわいも失われていくのですが、昭和16年12月8日真珠湾攻撃の日にも、武蔵野館では『スミス都へ行く』が上映され、作家の野口冨士男がそれを観ていたことが、半藤一利の『あの戦争と日本人』に書かれています。ジェームス・スチュアート主演でフランク・キャプラが監督したアメリカの政治腐敗に単身で戦う上院議員の話です。民主主義をたたえるアメリカ映画が、アメリカと戦争を始めた日に上映されていたのです。

日活の誕生

映画館の紹介の前に、日本の映画産業や無声映画について簡単にふれたいと思います。

日本で初の映画上映は、明治29年（1896年）に神戸で上映されたのが最初だったようです。翌年にフランスから大きなスクリーンで上映できるシネマトグラフが輸入され、大阪で最初の興行が行われました。明治31年には日本人による映画撮影も始まりました。

その後、新宿区の百人町に住み、孫文を援助したことでも知られる梅屋庄吉が明治38年にM・パテー商会を設立します。明治42年（1909年）には百人町に撮影所を開きました。第一作の『大西郷一代記』は評判を呼び、両国の国技館で初上映されたといわれます。

大正元年（1912年）9月にM・パテー商会など4社が合併し、日本活動写真株式会社が設立されます。日活の誕生です。当時の映画界は、日活が邦画、洋画の両部門を掌握していました。邦画は向島の撮影所で新派（現代劇）を、京都の撮影所で旧劇（時代劇）を、毎週1本ずつ撮影していました。それを浅草の封切館で上映し、その後市街の外に向かって順次上映していったのです。

洋画は、ロンドンで安いフィルムを買い付けていました。プリントは1本が原則で、デュータはなかったため、字幕から翻訳して説明用の台本を作っていました。浅草の封切館で上映した後、三週目の3番館での上映が終わると、もうその映画は東京では観ることができなかったといいます。

解説つきの無声映画

明治、大正、昭和の初めの映画は無声映画でした。長編で世界最初の声が入ったトーキー映画はワーナーブラザースの『ジャズ・シンガー』で、昭和2年（1927年）にアメリカで公開されています。

日本では字幕と場面の状況を解説してくれる説明者がつきました。その映画説明者の善し悪しが映画の印象を左右するほどで、映画館に通う人々はそこの映画館の説明者のファンとして見にくることも多かったといわれています。よく弁士といわれますが、関東では正式には説明者と呼ばれていたようです。プログラムにも「説明」徳川無声などと載っています。また、映画館には説明室がありました。

有名な説明者には、作家や文化人として活躍した徳川無声、後に実業家としても活躍し、映画館を持ったり、新東宝の社長にもなったりした大蔵貢がいます。

また、楽団が生演奏する無声映画の伴奏音楽も人々を魅了しました。無声映画全盛期には、封切館はみな良いオーケストラをそろえ、映画の間に休憩奏楽も行って、蓄音機やラジオがまだ少ない当時の人々に、クラシック音楽を聴く貴重な機会を与えていました。では、新宿の主な映画館を紹介していきましょう。

◎**大幸館**

明治42年、新宿地区で初めてできた映画館で、太宗寺の境内にありました。大幸館に行くのに閻魔様の前を通るので、それが怖くて仕方なかったという回想の記録も残っています。その後、新宿館、新宿日活館に名前が変わりますが、第二次世界大戦で焼失し、再建されませんでした。長くありましたが、あまり目立たない存在でした。

◎武蔵野館

大正９年、現在の三越の場所に新宿駅周辺の活性化を図るため、周辺の商店主が資金を出し合い建設したのが武蔵野館です。素人が映画館、それも３階建ての大映画館を場末の新宿に建設した、というのは当時の驚きだったようです。

武蔵野館が開館間近になっても、上映する映画は決まりませんでした。日活系列に入る余地はなく、国活という新興の不安定な会社から配給を受けようやく開館することができたと言います。武蔵野館には幸運だったのですが、その年の６月にできた大活が、アメリカ映画を直接輸入し、それを上映できることになりました。

武蔵野館ができた大正９年は、映画にとっては画期的な年で、松竹もこの年に創立されています。武蔵野館はその後、松竹とも提携して映画を上映しました。また、映画という名称が生まれたのも、諸説ありますがこの年といわれています。松竹の蒲田ができて最初の作品が11月に完成して、松竹蒲田映画劇と名づけられたことにより、映画の名称が一般化したといわれています。関東大震災により浅草などが大きな被害を受けたため、被害の少なかった武蔵野館は人気となり、連日満員の盛況となったということです。

武蔵野館に籍を置いた説明者は、他館では主任級の扱いだったといわれています。反対に、他館では主任級でも武蔵野館では末席だったそうです。また、武蔵野館の楽団は武蔵野管弦楽団と呼ばれ、ロシア革命から逃れてきた白系ロシア人のミハエル・グリゴリエフが指揮者でした。長身で指揮棒を振るスタイルがよく、非常な人気を博していました。

昭和3年（1928年）に現在の場所に移転し、戦災にも残りましたが、昭和43年に現在のビルに建て変わっています。

◎新宿松竹館

大正13年（1924年）に武蔵野館の成功に気を良くした商店主たちが設立した映画館で、社長に松竹の大谷竹次郎を迎えました。場所は、伊勢丹の向かいで現在のコメ兵の場所です。

新築後、わずか7年の昭和6年（1931年）に改築して、3階建て、一部6階建ての塔があり、地上百尺と称していました。外壁のタイルは松と竹をイメージしたものだったといいます。戦災にも焼け残り、戦後は洋画の封切館新宿ハリウッド、昭和46年には新宿ロマンになりました。昭和64年に閉館し、取り壊されました。

◎新歌舞伎座

歌舞伎町は、歌舞伎劇場を造るということで名づけられた街ですが、第二次世界大戦の前の新宿には歌舞伎劇場がありました。昭和4年に松竹が開館した新歌舞伎座です。吉右衛門、三津五郎などの歌舞伎で華々しく幕を開けました。新国劇や新派なども上演していました。

しかし、立地や客足が悪かったのだと思いますが、新宿に歌舞伎は合わないということで、昭和9年に新宿第一劇場と名前を変えて、松竹少女歌劇やエノケン一座も上演しています。残念ながら昭和35年に閉館していますが、昭和38年に現在の新宿ピカデリーの場所に新宿松竹会館が開館しています。

◎帝都座・ストリップショー

昭和6年に、現在のマルイ新宿本館の場所に開館した定員約1300名の大映画館です。日活の封切館で、武蔵野館に劣らぬ豪華さで、新宿を代表する映画館の一つでした。5階はダンスホールになっていて、柱一つないホールに豪華なバンド、120名のダンサーがいました。チケットは、10枚つづりで2円20銭でした。学生服では入れず、お酒を飲んだ人の入場もできませんでした。

また、帝都座を有名にしたのが、5階のダンスホールを改装した演芸場で第二次世界大戦後の昭和22年1月に行われた『名画アルバム』です。ヨーロッパの名画を模した額縁の

伊勢丹屋上から見た帝都座（昭和９年頃）

中に上半身裸体の女性が、ポーズをとって立つというショーです。女性が動くと警察に捕まるため、その規制の網をくぐり考案されたものです。これを額縁ショーと呼び当事の流行語にもなり、ストリップショーの発祥といわれています。

帝都座は、新宿日活となり、５階は日活名画座になりましたが、昭和47年に閉館しています。

◎新宿昭和館

昭和7年に開館しています。定員は５７０名で、住所は角筈１－１です。昭和19年に建物疎開で閉館しますが、昭和26年に再建されます。戦前は、洋画の二番館だった映画館ですが、戦後は何といっても東映のやくざ映画でした。高倉健や鶴田浩二の映画を観て、何となく肩をいからせて出てくるオジサンがいたような気がします。施設の老朽化と肩をいからせたオジサンが少なくなったせいで、平成14年（2002年）に閉館しています。建て替え後のビルもSHOWAKAN-BLDで、ビル内に84席のミニシアター、K's cinemaがあります。

◎新宿映画劇場

昭和12年に伊勢丹の向かいに開館しました。東宝の直営館で定員は706名でした。その後、文化ニュース劇場、新宿映画劇場、新宿文化と名前をかえました。昭和40年代の新宿が一番熱かった頃に、新宿文化はその一つの中心でした。

◎地球座

昭和22年（1947年）、周りに何もなかった歌舞伎町に、林以文が新宿地球座を開館します。歌舞伎町の映画館の始まりです。地球座の名称は石川栄耀がつけたものです。

昭和33年に新宿地球会館（現ヒューマックスパビリオン新宿アネックス）が落成します。地球会館には、地球座、新宿座、新宿名画座がありました。平成21年（2009年）に閉館し、ホテルなどになっています。

◎新宿ミラノ座

昭和31年(1956年)に開館しました。開館時の定員は1500席で日本最大級の映画館でした(閉館時は1064席)。地下にはアイススケート場がありました。

昭和42年にスケート場が閉鎖され、跡地にボウリング場、新宿ミラノボウルが開業しました。

昭和56年にはミラノ座の3階にシネマスクエアとうきゅうが開業しました。当時、ミニシアターによる単館ロードショーが人気であり、それを大手興行会社で初めて導入したものです。

歌舞伎町ルネッサンスの一環として、平成15年にはヤングスポットで映画『マトリックス・レボリューションズ』のワールドプレミアのキアヌ・リーブスを迎えたイベントが行われました。さらに平成21年には、『スター・トレック』の公開に合わせてUSSエンタープライズがシネシティ広場に着陸したりしましたが、シネコンに押された観客数の落ち込みや施設の老朽化もあり、平成26年に閉館しました。

◎新宿プラザ劇場

昭和44年(1969年)に新宿コマ劇場の隣にオープンした、定員1044人の大映画館です。

常に洋画の大作を上映。『スター・ウォーズ』はここで観るというファンもいたようです。「上映中のライトセイバーの点灯はご遠慮ください」というアナウンスが流れるという話もありました。

平成20年にコマ劇場とともに閉館しています。平成27年にＴＯＨＯシネマズ新宿として復活しました。

◎新宿バルト9

平成19年（２００７年）に新宿東宝会館の場所に開館しました。ビルとしては新宿三丁目イーストビルです。ビルの1階から8階までは新宿マルイアネックスになっています。9階から13階までが新宿バルト9となっています。バルトというのはドイツ語で『森』の意味です。新宿御苑の森の隣にあるところから、9は9つのスクリーンを擁しているところから名づけられたのでしょうか。

それまで伊勢丹のところで止まっていた人の流れを、信号を渡らせ東へと伸ばした功績は大きいと思います。

◎新宿ピカデリー

新宿松竹会館の再開発で、平成20年（2008年）に10スクリーンのシネコンとして誕生しました。靖国通りに面して、半透明のガラスを使った外観は、明るく親しみやすい雰囲気を演出しています。奥のブロックとの高低差を利用した大階段のあるロビーもエレガントです。

シアター1には、プラチナルームという個室があります。ウェルカムドリンクにシャンパンという一味違うサービスで、2人で3万円という料金です。

◎TOHOシネマズ新宿

新宿コマ劇場と新宿プラザ劇場を再開発して、平成27年（2015年）に竣工した新宿東宝ビルの3階から6階に、12スクリーンのシネコンとして開業しました。スクリーン9には、フットレストのついた革製の電動リクライニングシートで、ゆったり映画を鑑賞することができるプレミアラグジュアリーシートが＋3000円で利用できます。

また、3Dを超えた4Dシアターシステムもあります。シートが前後左右に動くとともに、ミストや風、香りなどの五感を刺激する特殊効果が味わえるということです。昔、唐十郎のお芝居では水をかけられたりしましたが、そういうイメージなのでしょうか。

『ミッション：インポッシブル／ローグ・ネイション』の公開時には、歌舞伎町にレッドカーペットが引かれました。新宿東宝ビルの壁面をスタントマンが駆け下り、主演のトム・クルーズが歌舞伎町に降り立ち、多くのファンと交流しました。今後も、ゴジラロードを使ったレッドカーペットを行って、映画の街新宿を盛り上げてほしいと思います。

【コラム】歌舞伎町を歩く

歌舞伎町一丁目

歌舞伎町一丁目のまち歩きは、西武新宿駅から始めましょう。西武新宿駅は、歌舞伎町発展の原動力となりました。本来は、新宿駅に乗り入れる予定だったのですが、実現せずに歌舞伎町どまりになりました。そのことが、歌舞伎町には良い結果をもたらしました。新宿駅に乗り入れるため、長らく仮の駅舎だったのですが、昭和52年（１９７７年）に地上25階の西武新宿駅ビルが完成し、恒久的ターミナルとなっています。駅ビルの上には新宿プリンスホテルも入り、歌舞伎町のゴジラが一番よく見えるのはプリンスホテルからともいわれています。

西武新宿線には、地下急行線を作り、地下駅が新宿駅と西武新宿駅の間にできる計画もあったのですが、実現していません。新宿サブナード地下街が西口まで通じていないのは、その影響もあるのですが、サブナードが延伸されて地下歩行者ネットワークが完成すると新宿がもっと歩きやすく、便利になると思います。

西武新宿駅を出て、靖国通りを東に歩きます。歌舞伎町一番街のアーチが見えてきます。この角にあるのが、「すずや」です。平成28年（2016年）に現在のビルに建て替わっています。建て替え前のビルは映画『新宿スワン』に登場していました。綾野剛や伊勢谷友介がたむろするスカウトの本拠がこのビルでした。歌舞伎町の創始者、鈴木喜兵衛のご親族が経営するビルで、かつては「民芸茶房すゞや」でした。現在でも食事が中心になりましたが、「すずや」は5階

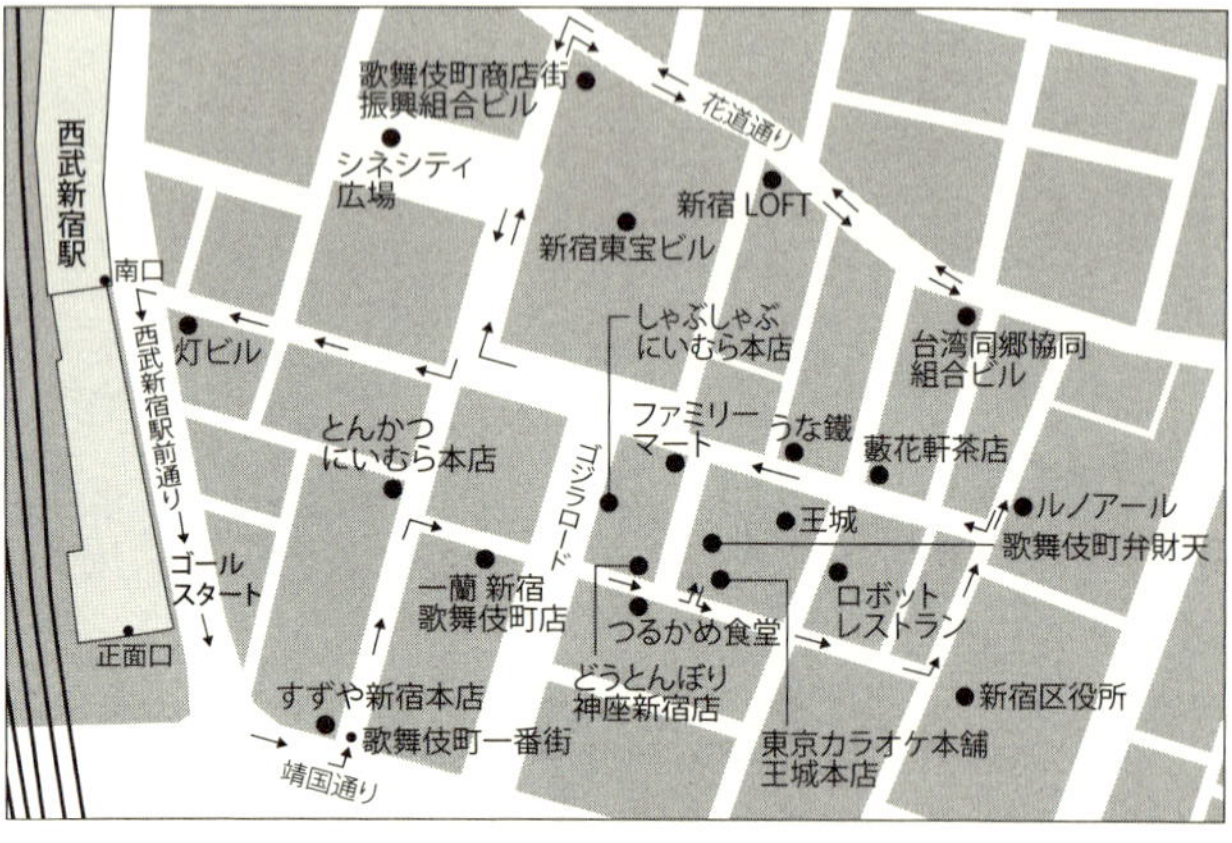

で営業し、とんかつ茶づけは新宿を代表するグルメの一つとなっています。

日本で一番有名かもしれないアーチをくぐり、一番街を歩きます。くれぐれも、客引きにはついて行かないようにしてください。しばらく歩くと、「とんかつにいむら」が見えてきます。歌舞伎町の名店の一つです。ここと、ゴジラロードの「しゃぶしゃぶにいむら」は歌舞伎町では外せません。お昼はロースかつ定食、夜はしゃぶしゃぶと「にいむら」をはしごしたことがあります。

「にいむら」の前を右に曲がります。少し歩くとラーメンの「一蘭」があります。チェーン店ですが、海外の方にも人気のお店になっています。イスラム教徒の方向けに豚を使わないとんこつラーメンを作ったことが評判になっていました。ぜひ食べてみたいと思います。ゴジラロードを横切り、直進します。ラーメン店「神座」の場所が名曲喫茶「スカラ座」があった場所です。その向かいには、今はビルになっていますが、外食券食堂からの歴史がある「つるかめ食堂」があります。

「つるかめ食堂」の向かいの小さな公園が歌舞伎町公園で、奥にあるのが歌舞伎町の弁天様です。歌舞伎町ルネッサンスの一環で、墨絵師東學による龍と虎が描かれています。なかなかの迫力です。弁天様をよく見ると、建物の端に風俗営業の店舗があります。歌舞伎町の懐の深さがわかる風景です。

歌舞伎町公園の隣が王城ビルです。現在はカラオケ店などになっていますが、歌舞伎町の隠れたシンボルです。次の十字路を左に曲がると、外国人観光客に人気のロボットレストランです。

まっすぐに行くと、新宿区役所に突き当たります。区役所の壁面の色は、上層階は地味ですがピンク色です。区役所の1階には小さな図書館があります。そのため、周囲50メートル以内には、新しく風俗営業の店舗を作ることができません。できた場合には違法な風俗店として取り締まることができます。風俗店が多くなりすぎたことへの対策の一つとしてできたものです。

区役所を左に曲がり、少し歩くと右にルノアールがあります。チェーン店ですが、歌舞伎町に昔からある喫茶店の一つです。ゆったりとしていて、様々な職業の方が打ち合わせを行ったりしています。ルノアールを少し戻って、右に曲がります。2ブロック目の右側に「藪花軒茶店」があります。第二次世界大戦前は、新宿三丁目にあった老舗のお茶屋さんです。次のブロックには、歌舞伎町の老舗「うな鐵」があります。肝焼きで1杯はとても美味しかった記憶があります。

少し歩くと左にファミリーマートがありますので、上を見てください。「I♡歌舞伎町」の大きなサインがあります。平成27年にできたサインで、新しいものですが、歌舞伎町の代表的なアイストップの一つになっています。その年の東京屋外広告賞を取得しました。

東宝ビルを右に曲がり、歌舞伎町一丁目と二丁目の境の花道通りに突き当たります。右側にあるビルが歌舞伎町商店街振興組合のビルです。ビルの最上階に振興組合の事務所があります。振興組合のビルを右に曲がり東宝ビルの先にタテハナビルがあります。このビルの地下に、かつて新宿西口で一世を風靡《ふうび》したライブハウス「新宿ＬＯＦＴ」があります。タテハナビルを過ぎてもう少し花道通りを行きます。歩道の郵便ポストの先に、ゴリラが登っている、上部が赤く塗られているビルがあります。このビルが歌舞伎町で大きな位置を占めている台湾の方たちのビル、台湾同郷協同組合ビルです。

ここからは来た道を戻ります。

もう一度振興組合のビルから東宝ビルの角まで戻り、右に曲がり、西武新宿駅前通りまで出ます。西武新宿駅前通りの左の角にある赤いタイルのビルが、うたごえ喫茶「ともしび」があった場所で、今でもビルの名前は「灯ビル」です。西武新宿駅前通りを左に行くと西武新宿駅に戻ります。

歌舞伎町二丁目

歌舞伎町二丁目のまち歩きは、西武新宿駅の北口から始めましょう。西武新宿駅の北口は、昭和55年（1980年）にできました。ここが新宿とは思えないほどの小さな出口です。西武新宿駅前通りを左に行くと、職安通りがあります。職安通りを右に曲がりましょう。すぐに職安通りの名前の由来となったハローワークがあるので、手前を右に曲がります。

　少し歩くと大久保公園があります。かつてはホームレスがたむろして薬物の売買も行われていたような公園ですが、スポーツ公園、イベント公園として整備して、安全で楽しい場所に変わりました。歌舞伎町タウン・マネージメントにより、激辛フェスタやラーメンフェスタなどの多くのイベントが行われ、若い女性も含めて多くの人が訪れる場所に変わっています。

大久保公園の手前を左に曲がります。目立たないのですが、「下村装飾」という珍しいちょうちん屋さんがあります。注文すれば手書きのちょうちんを作ってもらえます。その隣には、マスコミでもよく紹介される公益社団法人の「日本駆け込み寺」があります。大久保公園の入口は次の交差点を右に曲がったところです。イベント開催中であればのぞいてみてください。

大久保公園を出たら東に向かいましょう。バッティングセンターがあります。そこを過ぎるとホテル街になります。イメージとは違って明るく清潔です。交差点の角に「白川郷」というホテルがあります。政府登録ホテルで、昔は本当の合掌造りの建物がここにあり、料亭になっていました。

「白川郷」の並びにあるグレーの「三経82ビル」は、一見普通のビルに見えますが、アメリカで出版されたポストモダン建築の本の表紙を飾りました。設計者は竹山実で、昭和45年（1970年）に竣工し歌舞伎町一番館と呼ばれていました。外装のデザインを粟津潔が行い、白地にオレンジで渦巻のデザインが施され、カラフルな雰囲気でした。その先には、黒と白の横ストライプのビルが見えますが、昭和43年（1968年）竣工の歌舞伎町一番館、現在の「三経75ビル」です。こちらは建築当時の雰囲気が残っています。建築をグラフィカルに扱うことは西洋の建築家にとっては、非常に新鮮に映ったようです。

一番館の先の交差点を右に曲がり、東横INNの前を通り区役所通りに出ます。区役所通りを渡って、左に行くと、右側のビルの谷間に稲荷鬼王《きおう》神社があります。節分では「福は内、鬼は内」と唱える神社です。鬼王神社の入口の左側には、しゃがみこんだ邪鬼《じゃき》の頭に手水鉢を載せた水鉢があります。新宿区の指定文化財になっています。神社の奥には富士塚があります。左右に分かれた非常に珍しい富士塚です。

お参りを済ませたら、区役所通りを左に戻ります。新宿バッティングセンターを過ぎると、クラブやバーなどが集まったソーシャルビルが多くなります。しばらく歩いたところにあるチェックメイトビルは、赤い鳥社のあった場所です。隣が歌舞伎町二丁目の中心、風林会館です。風林会館の1階には、洋食レストランのパリジェンヌが入っています。お昼にはランチもやっていますし、ケーキセットもあります。気軽にディープな歌舞伎町の雰囲気を味わうことができます。現在は営業していないようですが、地下にはサウナがありました。また、上の階には大きなキャバレーがあり、本格的なショーを楽しむことができました。

区役所通りと交差する風林会館の前の道が、歌舞伎町二丁目と一丁目の境の花道通りで

す。花道通りは、かつては我が物顔に暴力団の車が停まっていました。現在は歩道を広げて違法駐車が物理的にできないようにするとともに、警察の取り締まりにより、ほぼなくなっています。右に曲がり花道通りを歩きます。

歌舞伎町二丁目では、ホストの看板が目につきます。色々いわれたりしますが、ホストの人たちもソムリエの資格を取ったり、歌舞伎町の清掃をしたり、歌舞伎町を愛して頑張っている人も多いのです。歌舞伎町商店街の宴会では、ホストの人たちも盛り上げ役として活躍しているそうです。

花道通りを進むと右側に「車屋」という歌舞伎町を代表する料亭があったのですが、残念ながら閉まってしまいました。その先には、「東京都健康プラザハイジア」があります。都立大久保病院だった場所ですが、土地信託を利用して建築したビルです。大久保病院は奥の場所で営業しています。花道通りの向こう側では東急の再開発が行われています。

西武新宿駅前通りに着いたら右に行きます。少し歩くと右側の地下にロシア料理「スンガリー」があります。「スンガリー」は、歌手の加藤登紀子の両親が始めた老舗のロシア料理店です。冷凍庫で冷やしてとろみのついたウォッカを、この店で初めて飲んだのをよく覚えています。「スンガリー」を過ぎて、道路を渡り少し行くと最初の西武新宿駅北口に戻ります。

第5章 集う人々——女優・芸術家・文化人

ムーランルージュのレビュー。『別冊太陽』54号より転載

この章では、新宿の文化を代表する人や場所を改めて紹介します。

相馬愛蔵《そうまあいぞう》と黒光《こっこう》の中村屋

相馬愛蔵と黒光の夫妻は、キリスト教的ヒューマニズムとピューリタン精神で中村屋を創業したといわれています。中村屋が洋酒を販売しようとしたとき、内村鑑三が店を訪れ、「私はこれまであなた方のやりかたには全く同感で、陰ながら中村屋を推薦して来ました。その中村屋が今度悪魔の使者ともいうべき酒を売るとは……私はこれから先き御交際が出来なくなりますが」

といわれ、内村を尊敬していた相馬愛蔵は恥じて、洋酒販売を中止しました。また、内村から日曜日は商売を休んで、教会で一日を清く過ごすことはできないかといわれたそうですが、さすがにこれには従うことができなかったということです。

相馬夫妻は多くの芸術家を支援しましたが、その最初は碌山《ろくざん》です。碌山は相馬愛蔵と同郷であり、相馬夫妻の影響を受け芸術家を志します。明治32年に上京して絵を学び、明治34年にはアメリカやフランスに留学しました。7年間の留学を経て日本に戻ります。その後、相馬夫妻の支援も受けながら彫刻を制作し、明治43年には日本近代彫刻史上最高傑作といわれる『女』をつくりました。モデルは別にいたそうですが、その姿は相馬黒光を思わせるといわれています。しかし、その年に中村屋で大量の血を吐き、亡くなっています。

明治44年（1911年）には中村彝が中村屋裏のアトリエに移ります。相馬夫妻は彝を食卓に招き、家族の一員のように接しました。相馬夫妻の長女俊子をモデルとした『小女』を描き、文展の三等賞に入賞しています。彝は俊子に愛情を抱くようになりますが、相馬夫妻に反対され、恋が実ることはありませんでした。傷心の彝は中村屋を離れ、伊豆大島などを経て、下落合にアトリエを設けます。

相馬黒光・愛蔵と息子の安雄（明治36年）

大正4年（1915年）に日本に入国し、インド独立へ向けた活動をしていたラス・ビハリ・ボースがイギリスの要請により国外退去命令がでたとき、頭山満の依頼で相馬夫妻が中村屋のアトリエに匿っています。アジア主義を掲げた玄洋社の総帥、頭山満は中村屋のパンのファンで、相馬愛蔵とは親しかったのです。逃亡生活は大正7年（1918年）まで続きました。その年に、ボースの身の回りの世話をしていた相馬夫妻の長女俊子は、頭山の勧めもありボースと結婚しています。ボースは大正12年には日本に帰化し、俊子との間に2人の子どももできますが、俊子は大正14年に亡くなっています。

中村彝の代表作であるエロシェンコ像のモデル、盲目の詩人エロシェンコも、相馬夫妻の支援を受けていました。大正5年頃から大正10年まで彝が住んでいたアトリエにエロシェンコも居住し、途中で東南アジアなどに渡ったりもしたようですが、再度日本に戻り中村屋に帰っています。大正9年に偶然、目白駅で彝の友人鶴田吾郎がエロシェンコを見かけモデルを依頼し、彝と二人で描きました。エロシェンコは黒光のことをマーモチカ（おかあさん）と呼んで慕い、モデルの件も黒光に相談して決めたそうです。

相馬夫妻はその他にも多くの芸術家を支援し、中村屋に彼らが出入りしたその様子は、後に中村屋サロンと呼ばれました。中村屋のカリーは、ラス・ビハリ・ボースの直伝であり、中村屋の制服ルパシカはエロシェンコが愛用していた民族衣装を採用したものです。現在は中村屋の3階に中村屋サロン美術館があり、新宿の文化を担い、発信しています。

田辺茂一の紀伊國屋

紀伊國屋書店の創業者である田辺茂一は、新宿の文化を語るうえで欠かすことができません。田辺は、明治38年（1905年）に新宿の薪炭問屋紀伊國屋の長男として生まれます。子どものころ、日本橋の丸善に並ぶ洋書を見てその美しさに感動し、自分も本屋になることを決心しました。家業を継いでほしいという親の反対を押し切り、昭和2年（1927年）22歳のときに現在地で書店を開業。修業として銀座の近藤書店に行ったのですが、半日で切り上げています。親の土地に自分で設計した2階建ての店舗を構えました。どう考えてもボンボンの道楽です。

創業者、田辺茂一。紀伊國屋提供

また当時、書店を出店する際は三百歩以内に他の書店があると雑誌が扱えないことになっていました。新宿には既に書店が何店かあったため、紀伊國屋では雑誌を扱えなかったのですが、そんなことにはお構いなしに開店しています。

店員は田辺を含めて5人。仲間の朝日新聞社員達が仕事帰りに、タバコ片手に手伝うという牧歌的な雰囲気だったようです。竹久夢二や、国語辞典で知られる金田一京助などがお客として来ていました。

書店の2階には、画廊がありました。東京には日本橋の丸善、銀座の資生堂にしか画廊のない時代です。画廊を通して里見勝蔵、前田寛治、小島善太郎、児島善三郎、野間仁根などと仲良くなり、中川紀元、東郷青児、阿部金剛とは特に親しくしていました。パリから帰った佐伯祐三の初めての個展も紀伊國屋2階で開催しています。阿部の早稲田南町のアトリエを訪れ、深夜まで藤田嗣治やモンパルナスの話で盛り上がっていたとのことです。

阿部と東郷の二人展を開催したとき、見に来ていた三宅艶子と中村屋で紅茶を飲みました。そのとき田辺が阿部に三宅の紅茶に砂糖を入れさせたのが縁で、二人は結婚します。そういった付き合いの中で、『アルト』という美術評論誌を昭和3年（1928年）に創刊。赤字続きだったということですが、1年ほど続けています。

田辺の小学校からの同級生に舟橋聖一がいます。書店を開業すると、舟橋などと同人雑誌を出そうという話になり『文藝都市』をつくり、創刊号の表紙は阿部が描いています。

こちらも赤字、１年半で廃刊です。ところが、昭和８年には、雑誌『行動』を創刊しています。資金の２万円は田辺が負担。編集は作家の豊田三郎や野口冨士男が行っています。雑誌は評判を呼び、行動主義ブームを起こしています。太宰治は、「晩年」の原稿を『行動』に載せたくて、新宿をウロチョロしていたそうです。そんな雑誌でもやはり赤字で、２年で24冊を出して廃刊となっています。

昭和35年（１９６０年）今度は、都内の有力書店によって結成された悠々会の会長としての田辺が、書店のサービスとしてお客に無料で配布する雑誌『風景』を創刊しています。編集は、舟橋や豊田、野口などのキアラの会が行っています。『風景』は作家仲間に愛され、舟橋が亡くなる昭和51年まで１８７号にわたって刊行されます。

舟橋は、落合の自宅をけいこ場にして村山知義などと演劇活動も行っていました。そこに田辺も遊びに行ったりしています。その関係で、村山や日本映画の女優第１号として知られる花柳はるみも、紀伊國屋にはよく来ていました。花柳は、世界文学全集の宣伝用法被を着て店を手伝ってくれたりしたそうです。また、築地小劇場の土方与志から築地小劇場の応援を頼まれ、身銭を切って切符を買い各方面に配ったりしています。

田辺は、18歳のときの日記に劇場を造る夢を書いていました。昭和39年（１９６４年）に現在の紀伊國屋ビルを造ったときに４、５階を劇場にしています。これも演劇に対する

紀伊國屋書店新宿本店　旧店舗（昭和22年築）紀伊國屋提供

熱い思いから出たものです。紀伊國屋ホールは、現在も日本を代表する演劇の殿堂であり、演劇を志す若者は紀伊國屋ホールの舞台に立つことを目標にしています。また、田辺が創設した紀伊國屋演劇賞は日本の演劇界を代表する賞になっています。

田辺は、「身を粉にしての遊び癖」と自分で書いていますが、遊びの達人、粋人としても知られています。商売のことなどあまり念頭になく、遊びに精を出していたそうです。自由人として、何でもやってみて、活発に動き回っていました。一方で、戦後の焼け野原のなか昭和20年の12月にはバラックで営業を再開し、昭和22年には、前川國男の設計で木造2階建ての店舗を新築し、「戦後書店建築の白眉」と評価されています。やるときはやるのです。

昭和25年（1950年）には、田辺の大番頭ともいうべき松原治が入社しています。田辺が大きな方向性を示して実務は現場に任せ、細部にこだわらなかったことが良かったのでしょうか、紀伊國屋書店は日本を代表する書店になっています。田辺は、昭和56年（1981年）に76歳でその生を終えていますが、バラバラに見えながら巨大な一つの街を形成している新宿の姿を体現していたとも評されています。

林《りん》以文《いぶん》のムーランルージュ新宿座、地球座、新宿座

林以文は、大正2年（1913年）台湾の素封家《そほうか》の息子に生まれています。昭和12年（1937年）に来日し、中央大学を卒業して製薬会社の工場長を務めていました。第二次世界大戦後は、自ら製薬会社を起こしたりもしています。

林は、戦後苦境にあえいでいたムーランルージュの再建に乗り出します。ムーランルージュは、昭和6年（1931年）に佐々木千里が開業したレビュー劇場です。浅草よりも都会的な軽演劇の劇場として、学生やサラリーマンにとても人気がありました。アイドル第一号ともいわれる明日待子や多くのスターを輩出しています。

ムーランルージュが有名になった裏には、一つの悲しい事件もありました。昭和7年に起こったムーランルージュの歌姫高輪芳子（18歳）と新進の作家中村進治郎（26歳）の心

中事件です。中村は生き残ったですが、世間の非難を一身に受け、2年後に睡眠薬で命を落としています。心中事件の後、ムーランルージュ新宿座の観客は一層増えたといわれています。

第二次世界大戦で、ムーランルージュ新宿座も焼けてしまいます。その跡地にバラックの芝居小屋が建ったりもしたのですが、運営はうまくいっていませんでした。そこに現れたのが、林以文です。昭和22年に劇場を買い取り、人手に渡っていたムーランルージュ新宿座の名前も買い戻し、再建を開始。座席数350、立ち見を入れると500人の劇場に増築します。

ムーランルージュの再興には、『男はつらいよ』の寅さんのおばちゃん役で有名になった三崎千恵子夫妻が関係しています。三崎夫妻は林以文の貸家に住んでムーランルージュに出演していました。貸家の縁で林以文と親しくなり、窮状を相談したことが始まりだったようです。しかし、残念なことに、ムーランルージュ新宿座は昭和26年に閉館しています。

林以文は歌舞伎町にも乗り込みます。歌舞伎町の最初の映画館地球座の経営です。鈴木喜兵衛の歌舞伎町の再建に、待ったをかけたGHQの建築制限令だったのですが、地球座は柱数本があり、着工済みということで建築が認められていました。その建築の権利が売

ムーランルージュの面影が残る夜の新宿座（昭和38年頃）

りに出て、林以文が迷った末にそれを購入します。焼け跡の空き地の中に地球座ができあがりました。こけら落としのソビエト映画『石の花』には、地球座に並ぶ人が新宿駅まで続いたといわれます。その後、筋向いに新宿座を建築し、その屋上にはムーランルージュ新宿座の風車が載っていました。林以文は興行界だけではなく不動産も手掛け、昭和23年に創業した恵通企業は現在、株式会社ヒューマックスとしてレジャー・サービス業を幅広く展開しています。

　林以文の成功は、出自を問わず人を受け入れ、活躍の舞台を提供するという、新宿だからこそ可能だったのかもしれません。現在の大久保がコリアンタウンやイスラム横丁というような多文化共生の街になっていったことも、新宿の懐の深さが関係していると思います。人が集まり、楽しむ。エンターテイメントシティには人種や宗教は関係ないのです。

葛井《くずい》欣士郎《きんしろう》のアートシアター新宿文化

昭和36年（1961年）、新宿文化劇場の支配人に葛井欣士郎が就任しました。昭和49年までの13年間、単なる劇場の支配人ではなく、新宿の街と劇場が一体となるような、新宿ならではの文化を葛井がプロデュースしています。

葛井はアートシアター新宿文化を経営していた三和興行の社員でした。内外の純度の高い芸術映画を配給する日本アート・シアター・ギルド（ATG）が創設され、その社長に三和興行の社長が就任したことに伴い、全国で10館のチェーン館の中核の劇場として新宿文化劇場の支配人に抜擢されたのです。

葛井は岡本太郎などの協力を得て、新宿文化劇場をアートシアター新宿文化に名をあらためて改装します。ゆったりと映画を鑑賞してもらうため、座席数を600から400に減らし、劇場は濃いグレーで統一、黒いバックに金文字でART・THEATREの文字。映画雑誌からは「納骨堂」と揶揄されました。ATGは、15人いる顧問団の推薦で上映作品を決め、興行成績は悪くても1本立てで最低1か月上映し、客席が満杯になれば入場は打ち切りという理想的な興行を目指していました。

昭和37年（1962年）のこけら落としは『尼僧ヨアンナ』、7月には初の日本映画で後に草月流の三代目家元となる勅使河原宏が監督した『おとし穴』が上映されます。アートシアターのロビーは、ギャラリーとなり岡本太郎や難波田龍起などの作品が展示されていました。事務所には、監督や俳優、芸術家が集まり、サロンになっていきます。

アートシアター新宿文化では演劇も上演され、葛井は演劇の魅力に目覚めていきます。ついに昭和40年に葛井は演劇の自主プロデュースに乗り出し、自己資金30万をつぎ込み、ルロイ・ジョーンズの戯曲『ダッチマン』を上演。当時は劇団システムが健在だったのですが、葛井のネットワークの力で様々な劇団から人が集まり、上演は成功し芸術祭奨励賞を受けます。

昭和42年には、地下の楽屋と従業員控室だった30坪の場所に小劇場をつくります。劇場名は蝎座《さそりざ》、三島由紀夫の命名で葛井の名前の一部（葛→蝎）が入っています。葛井は自著の『消えた劇場　アートシアター新宿文化』で、この劇場について「蝎座、英雄オリオンをその猛毒の一刺しで倒したさそりが天に昇ったこの星座、開放をさけ、秘密を愛し、催眠術的魔力をもつこの星座の名を名のる劇場は、小なりといえど体制に対する毒の一刺し、実験的、アンダーグラウンド・シネマを一カ月ずつ交互に上演、上映してゆく（後略）」と述べています。

翌年、新宿騒乱事件が起こり政治の季節を迎えていました。蝎座には、催眠ガスにやられ、泥と汗と血にまみれた若者が駆け込んでくるときがあったそうです。葛井は「どの映画よりも、どの演劇よりも強烈、迫真のドラマが日夜この街で展開していた」と書いています。昭和44年にATGが配給した大島渚の『新宿泥棒日記』には田辺茂一や唐十郎が出演。アートシアター新宿文化でも撮影が行われました。この映画の真の主人公は新宿の街です。

1970年代に入ると状況は変わっていきます。昭和45年に三島由紀夫が現在の防衛省、市ヶ谷の自衛隊駐屯地で自決。政治の季節が終わりをつげる中で、昭和46年12月24日に、新宿三丁目追分交番で爆弾テロ事件が発生しました。翌年の連合赤軍事件と時代は混迷し、映画や演劇も方向性を失っていきます。葛井の属していた三和興行は経営に行き詰まり、東宝に経営権を譲渡。葛井も、昭和49年にアートシアター新宿文化を去りました。新宿が若者文化の中心だった1960年代の新宿の立役者が葛井だったのです。

『新宿新報』に見る戦後の世相

後半では、第二次世界大戦後の新宿の世相を、できて間もない新宿区の広報紙『新宿新報』から探ります。『新宿新報』は、新聞として発行され、購読料と広告で経費を賄《まかな》っていました。毎週1回タブロイド版2ページの新聞でした。

当時の新宿区長は、「みずからの手によって新聞を発行した例は未だかつてない」と『新宿新報』について述べ「区政の状況をありのままの姿でご覧に入れたい」としています。好評だったのですが、GHQから民間ジャーナリズムを圧迫するという圧力がかかり、昭和25年（1950年）10月に廃刊に追い込まれてしまいました。

昭和24年の『新宿新報』から新宿の暮らしを探ります。1月15日号には都内への転入自由化が載っています。

三年ぶりに抑制解除

都内への狭い門　転入抑制で長い間困っていたが、年改まると共に全面解除となった。これからの転入は区役所の許可を求める手続きがなく、現在住んでいる場所で、転出証明をもらい、それを区役所出張所へ出せば直ちに転入ができるわけである。

（後略）

それまでは、自由に都内に転入することができなかったということです。

貧しい配給事情

昭和24年1月1日号からは、「主婦の手帳」と「一問一答」を紹介します。

主婦の手帳

ココアキャラメル　12月25日から1月8日まで数え年2歳から7歳までの幼児に、第二次ココアキャラメル一人当たり70グラムのもの1個あて20円50銭、希望者は家庭用品購入通帳23ページD5号票、外食世帯では通帳15ページD5号票に人員及び出張所の検印をもらい最寄りの販売店で買う。

タケノコ缶詰　正月用タケノコ水煮缶詰を7日から15日まで配給する。1世帯100匁《もんめ》（1匁は3・75グラム）で30円68銭、家庭用品購入通帳25ページのE第4号券

お米10日分

今年の主食の初配給は米10日分（４日から11日まで）と白い輸入小麦粉３日分（10日から31日まで）が配給される。なおパン希望者は４日から８日まで、一人当たり３斤《きん》のパン購入券を各配給所から受け取る。

ココアキャラメルを買うためにも面倒な手続きが必要で、大変だったことがわかります。次の一問一答では、警察署長でもイモばかり食べざるを得ない状況で、昭和24年は国民生活がつまり、犯罪が増えると、厳しい現状認識を示しています。

さらに昭和24年を１９４９年と言っていることにも注目です。警察官でも元号より西暦を使っていたのです。

一問一答

★(質問) 署長さんの今日のお弁当は何ですか？

☆(答え) ハハハ弱ったな、このところ配給があるので、米を食っているが、９月から10月ごろはイモばかり

★お住まいはどこ　家族は

☆若松町の官舎、家族は５人、官舎の畳数は18畳半ですね

★お酒は
☆ぼくは飲むより食う一方だ
★一つ年頭の抱負を聞かせてください。
☆ようやく本格的な質問だな。僕は1949年は国民生活が一層つまってくるとみている　そこで、犯罪増加が予想されるわけだ、（後略）

昭和24年3月26日号には、区民の声で配給券があっても、パンがなくて買えないという切実な声が載っています。

区民の声
パン購入につき
パン券はあってもこの2・3日毎日パンが買えません。木村屋その他の配給所にもいつパンが来るかわからず、一日に二三度は行ってみますが、家の外に幾時間もパン屋の角にいつ来るかともわからぬパンを待つことはできません。たまにゆっくりした時間をつくりかけても、その日の分は売り切れです。主食の配給がこれでいいのでしょうか。

昭和24年6月25日号からは店の不正を訴える区民の主婦の声です。それに対して魚屋の組合長が反論しています。

区民の声

新宿新報でも宣伝したと記憶しますが、主婦の会で選定した優良店と主婦の店のうちで私どもの四谷地区の水産加工店で今ニシンの配給をしています。ところが、この主婦の店全部が１００匁39円20銭の骨付きニシンを43円で売っています。社会に優良店だと広告した主婦の会の責任を問いたい。（四谷　一主婦）

お答え

絶対にそんなことはないと思います。私ども業者は店前に黒板で骨付きニシン39円20銭、骨無みがきニシン43円と告示していますので、骨付きを43円で売るわけはないと思う。ニシンの配給は今度で2回目、第1回は骨付き、第2回が骨無であり、投書した人は骨付きと骨無を混同したのではないでしょうか。骨無といっても骨がないわけではなく、小骨が多少あります。今後もお気づきの点は大いに投書して欲しいものです。

昭和24年7月9日号では、ニシンの不正についての続編が掲載されています。

区民の窓

不正の確認

四谷地区で骨付きニシンを不正配給しました、これに対し四谷地区の組合長がそういうことはないと弁明しています。組合長は主婦の店、優良な店として推薦されています。よくも白々しくあんなウソをいえるものです。私は一組合員ですが、組合の協定だからといって骨付きニシンを43円で売るようにといって来ました。処《ところ》がある人に指摘されてあわてて今度は公定価格以下の39円としました。組合長自身は勿論《もちろん》主婦の店のあらましがヤミ値で売っていたのを確認しております。四谷地区の主婦の会の幹部さんに伺いますがこれに対する見解を発表してください。卵の産み放しではないでしょう。

お答え

ニシンの配給をめぐり、私の処にもこれと同じ投書が来ましたが、これについては私自身がすでに知っております、水産加工組合長に会って話したのですが、43円というのは、身欠きニシンで骨付きが39円20銭なのです。四谷地区の配給は今までほとんどが身欠きニシンで骨付きは配給されなかったのですが、こちらの注文で、組合長はすぐ骨付きを39円20銭で配給しました。全く不正などありません。主婦の会の責任を取れといわれますが、主婦の店を選んだのは私ども幹部ではなく、投書した皆様方であり、従って主婦の店の不正などは全てその責任は皆様全体にあるわけです。だから幹部に責任はないといって過言ではないでしょう。私共もこのことについては随分調査したつもりですから……

当時の厳しい食糧事情がうかがえます。

公務員への苦情

昭和24年4月2日号の「区民の声」は、公務員に対する苦情です。ご指摘の通りのことがあったのでしょう。注目してほしいのは歌舞伎町が遊ぶ街ではなく、住む街だったことです。歌舞伎町に会社員が住んでいたのです。

区民の声

軍国調の警官

友人の送別会で、29日夜11時頃私服警官に不審尋問を受けた。この警官の態度は威圧的で「署のものだが貴様何処《どこ》へ行くんだ」「家へ帰るんです」「そこまで来い」といって途方もないことを訊き、さも私が悪いことをしたように尋問する。これが生まれ変わった民主警察の警官という肩書で、いばりちらしている。軍国警察への逆戻りの感じを受ける。警察の民主化が叫ばれている今日、まず警官の態度から改めてほしいものだ（歌舞伎町、会社員）

心せよ税務署員

今税金でみんなが困っている時に税務署員は夜遅くまで酔っぱらって、二、三日前まで汚い洋服を着ていた税務署員がぱりっとした洋服を着ていたりする。また中には業者泣かせの署員もおり、無銭飲食を公然とやってるものもある。中傷するわけではないが、新宿二丁目、三丁目は特に悪い。税務署をかざして威張り散らし、我が物顔に闊歩《かっぽ》している。なにもいけないというわけではない。すこし良心的に天下の公僕と

して恥じない行為をしてもらいたいものだ（新宿三丁目、一業者）

昭和24年7月30日号では区役所の職員の態度が問題になっています。他の記事もそうですが、新宿区の発行なのに懐が深く、悪いところもキチンと表に出しているところは尊敬できます。

くわえ煙草で応対

私は若葉町に住む一主婦ですがこの間配給のことで若葉町出張所へ行ったのです。窓口事務をやっている女事務員の方がくわえ煙草応対されていましたが、窓口民主化が叫ばれているいま、このように区民に対して不快な感を与えるようなことのないようにして欲しいものです。また私の知人で出張所長さんを訪ねるとその所長さんは机の上に足をのせて用談し、昔のお巡りさんのような官僚口調そのままの横柄な態度で応対されたとか聞いており、付近の人も皆困ったものだと思っています。民主化されたはずの役所事務がこのようなものでよいものでしょうか。念のためおたずねいたします。

また、7月9日号では、「新宿通りが散歩道路に」という記事が載っています。

愈《いよい》よ散歩道路に美化

5月1日都電線路変更により、軌条《レール》をさらしたまま、種々取沙汰されている新宿三丁目から駅前の八号国道は愈よ、スマートな遊歩道に美化されることになった。去月30日都市美協会では、伊勢丹で八号路面補修工事施工法懇談会を催したが、席上都建設局では地元代表者の懇請により新宿遊歩道の具体図面を指示し予算面の協力を要望した。

同図案によれば、軌道跡中央1・70メートルに盛土して常盤木を植え、左右の軌条内各1・75メートルをコンクリートまたはアスファルトで舗装し遊歩道とする。その両翼6・85メートルを車道、その先端3・70メートルを人道とした理想的ペーブメントである（後略）

昭和24年9月10日号では、8月31日の夜に、建築途上であった新宿区役所が、折からのキティ台風により倒壊したことが1面記事になっています。損害は100万円を超えるといわれています。記事は省略します。

戦後の娯楽とベストセラー

昭和24年4月2日号からは、新宿松竹支配人の「一問一答」を紹介します。新宿松竹になる前は第一劇場として青年歌舞伎をやっていたのですが、映画館に変わっています。演劇では赤字だったと支配人は述べています。

一問一答

ハリウッドから来たような松竹館の支配人に近頃の劇場の様子を聞いてみる
☆この劇場は昨年演劇から映画へ移行しましたが客足について
★かえって良くなった。映画へ移行したのも、演劇では赤字でやっていけぬから…
☆入場者層の変遷は
★この劇場は山手、世田谷などのあまり裕福でないインテリ階級が多く、映画を見る小遣いはあるが、銀座へ行くには少し足りないという人が来る
☆この映画館は場所が悪いようだが、他館にくらべてどうか
★その点40％のハンディキャップがありますね。そこが経営の難しいところ。軽演劇などでは追いつかない理由なのです。
☆最近あてた映画は

★麗人草などよかった。この劇場は今でも新派を好む人達をファンにもっていますからね、他館に同じ映画があっても、うちへくるといったようです。

☆近頃の映画はなんとなく低俗　マンネリズムに落ちた感じがするが

★その点はある、それは新人の沸騰と演技者の争奪にある。一、二回スクリーンに起っただけで一人前の俳優として使うのはどうかと思う。企画の貧困と設備の不完全によるものです

☆当館の歴史は

★よく知らぬが初め新歌舞伎として地元の人がやっていたものらしく、それを松竹が買い取って軽演劇、歌劇青年座という変遷を続け今日に至った

☆お忙しそうですが、趣味は

★玉つき（ビリヤード）、一時はこれで食べていこうとも思っていた。映画鑑賞に必要な経験を得るためには何でもやります。酒はだめで食い気といっても甘いもの二つ三つでモウいやですからね

☆ご家族は

★家内と二人きりです

昭和24年9月17日号では、紀伊國屋のベストセラーが記事になっています。

政治ものがトップ　新宿人の好み？　紀伊國屋に聞く

本屋さんとは思えないモダンなコバルト色の建物。しかも本通りから少々奥まった処に紀伊國屋がある。入ると、シンホニーが聞こえ、ソファがありインクの香も新しい新刊書が並べてあって、まったく気持ちが良い。天井が高いので書棚が覆いかぶさる圧迫感がないのも近代的といえるだろう。事務所を訪ねると、最近の出版物の売れ行き状況を左の様に語った。

御承知の事と思いますが、この店のお客様の65％は学生で、あとは全部サラリーマンなので、ここだけの傾向がすべての出版界の傾向であるとは断定できませんが、政治、経済、哲学、文学という順になります。いづこも同じ夏枯れの7月、8月でしたが、9月に入ってずっと上回ってまいりまして、ごく最近のベストセラーは、太平洋海戦史（岩波新書）１３０円、洋画技法講座（三巻）１６０円、チボー家の人々（白水社）、大学入試問題正解（旺文社）４００円、歴史（岩波）羽仁五郎著、源氏物語（三笠書房）与謝野晶子著、マルクシズムに対決するもの（労働文化社）、讃美歌（教文館）、ブロンディ、サザエさん、（価格は元記事に記載のあるもののみ）以上がベストテンでしょう。
大学入試問題正解などはずっと平均して売れていますし、しかも400円の本であり、高等学校の生徒が対象ですから、学究的な態度に頭が下がることもあります。
雑誌類では、文芸春秋、新潮などが確固たる地位を占め、大衆ものではサロンなど好調で、女性向としては、最近毛糸あみもの全集、スタイルブックが売れ行き良く、月間ものは婦人公論、婦人の友、主婦の友と、伝統あるものに次第に落ち着いてゆきます。少年ものは、野球ものが全盛です。

昭和24年11月26日号は、「産業と文化の博覧会が来春に開催」という記事が載っています。西口の内容が載っていませんので、準備が間に合っていないことを示しているのでしょうか。

産業と文化の博覧会来春開催に決まる
新宿駅中心に三会場
名誉総裁に吉田首相を推す
復興ぶり著しい繁華街新宿で、戦後初めて博覧会開催のニュース…

来春４月から６月にかけての三か月、新宿歌舞伎町、新宿駅西口、新宿御苑を会場に、その名も産業文化博という、主催は社団法人都市復興協会で名誉総裁は吉田総理、林厚生、稲垣通産、益谷建設の三大臣を同副総裁に推し、安井都知事が名誉会長とズラリ大物を並べて堂々たる陣容を示している

同博覧会開催の狙いは産業開発と文化の興隆を期するため、従来の博覧会の行き方から脱皮一新し、産業界の現状を如実に示し、都区民にこれを直結して消費経済の合理化に資すると共に、婦人、子供を中心とした文化─家庭、社会、国際、生活、教育、衛生などの各方面にわたる主題から最も新しい正確な材料を盛り新生日本へ再建一路をたどる都区民に光と力と潤いを与えようとするもので、日本再建を促進するため産業振興、品質水準の向上、消費生活の合理化、経済知識の啓発へ…と目的とするところは頗る大きい

歌舞伎町会場　米国館、合理化生活館、児童青年館、婦人、社会教育館、各都府県物産館等同博覧会の母体施設がならべられ、特に主婦中心の生活関係を整えている

新宿御苑　江戸文化の名残と造園技術の粋を示す都区民渇望の名苑に博覧会の特別施設を加えることであるから観覧者の興味は倍加せざるを得ないであろう。

社交喫茶のウエイトレスたちの競輪大会（新宿産業文化博会場にて、昭和25年）

昭和24年12月3日号では、落伍者というコラムで「産業と文化の博覧会」の準備が揶揄されています。

落伍者

新宿にはじめて来春博覧会がもたれるが、責任会長がおらず、さらに西口会場問題でもめているとか風聞する。この博覧会も当初は歌舞伎町博覧会なら鈴木氏が会長で丸く収まっていられるが、新宿駅を中心として現行企画の博覧会では鈴木氏が会長では収まりがつくまい。直属会長が空席で、名誉会長に安井知事を推し会長ははったりだけの存在で一応けりはついたものの、赤字になったときは誰が背負うのだろうか。

名誉総裁に吉田首相もいいが、内紛の円

満解決あって初めて充実した博覧会が出来るのではなかろうか。鈴木氏も太鼓たたきで終わっては寝覚めが悪かろう。

指摘のような危惧はあったのだと思いますが、歌舞伎町の鈴木喜兵衛会長は、太鼓たたきに終わることなく、逃げずに私財を投げ打ち、赤字の責任をとっています。

もう一つ同号に、ムーランルージュの記事が載っています。

お上品なお客様

芸術祭参加に張り切る座員

赤い風車が新宿の夜空にくるくると廻っているのを見ると、学生街新宿のシンボルのようで心楽しかったものだ　あの舞台から竹久千恵子、外崎恵美子、姫宮接子、明日待子、千石規子、藤尾純……あとからあとへと特異なスターを送り出したこともわれわれがムーランの舞台をあこがれる一つの夢であった、それも十年一昔とはゆかぬまでも　ずいぶん古いことになるが、その後のムーランはどうしているだろうかと、廻らぬ風車を仰ぎ見ながら中に入ると、……男の観客が大半で大入りの盛況である、学生もいるが、中年から老年、サラリーマンから商人、まったく多種多様の観客層に移り変わっている、舞台は今様御多分に漏れずストリップショウをやっているが、やはりムーランは軽演劇にとどめを刺すといいたい。楽屋にゆき、女優さんをインタビューする。

メイキャップのせいだろうが、舞台と全然感じが違ってつけまつげが重そうだし、とても大人しくいらっしゃる。

インタビューでは、昭和17年に日劇ダンシングチームに入ってから終戦後にこのムーランに出ていること。けいこは9時頃から夜の8時頃まで、公演中は12時から入ればよいのだが、休日のないのが一番つらい。悪い男につけられることはないかという質問に対しては、近所の人たちは顔を知っているので、つけられることはないと答えています。

最後に舞台から見た新宿の観客についての感想を聞くと、お上品なせいか、笑ってもらいたいところでも、なかなか笑ってくれなくて、反響がないと不満の様子だったそうです。来月は芸術祭に軽演劇として、初めての参加をするそうであるが舞台の成功を祈って終わっています（インタビューを再構成しています）。

【コラム】ゴールデン街を歩く

ゴールデン街のまち歩きは、靖国通りと区役所通りの交差点から始めます。新宿区役所分庁舎の前の、白とピンクのビルの裏に「四季の路」の入口があります。ここを入りしばらく歩くと、ゴールデン街の入口です。ここからは案内するほどでもなく、狭い路地をさまよえば良いのです。夜は普通に歩いても構わないのですが、昼間は静かに歩いてください。

二本目の路地の2階にあるラーメン屋「凪」は昼間もやっています。煮干し味のラーメンです。老舗としては宇宙戦艦ヤマトのバンデベル将軍役の声優柴田秀勝がやっている「突風」があります。ただし、会員制で知り合いがいないと入れないようです。また、コメディアンの内藤陳が始めた「深夜プラスワン」、ゴールデン街の組合長も務める俳優の外波山文明が経営する「クラクラ」など有名なお店も多くあります。

ゴールデン街を抜けると新宿五丁目なのですが、一緒に紹介します。ゴールデン街の入口の一番南側の路地を抜けると花園神社の入口の階段があります。階段を上がると花園神社です。花園神社では酉《とり》の市がとてもにぎわっています。多くの露店が出て、かつては見世物小屋もありました。境内で、唐十郎が主宰する状況劇場の芝居が行われていました。神社とテント劇場のミスマッチがとても素敵だったといわれています。花園神社の春の桜も名前の通り、とてもきれいで新宿とは思えない雰囲気があります。

花園神社から来た階段を降り、右に行きます。すると吉本興業の東京本部があります。この場所は、以前は新宿区立四谷第五小学校でした。統廃合で廃校になった校舎の有効活用として貸し出しています。また、貸し出しの条件として歌舞伎町ルネッサンスなどの事業にも協力してもらっています。道路から校舎が見えるので、よく観察してほしいのですが、四谷第五小学校の校舎は震災復興で昭和の初めに東京市が建てた建物で、モダニズム建築の傑作とされています。奥のほうに見える階段室のガラス窓のアー

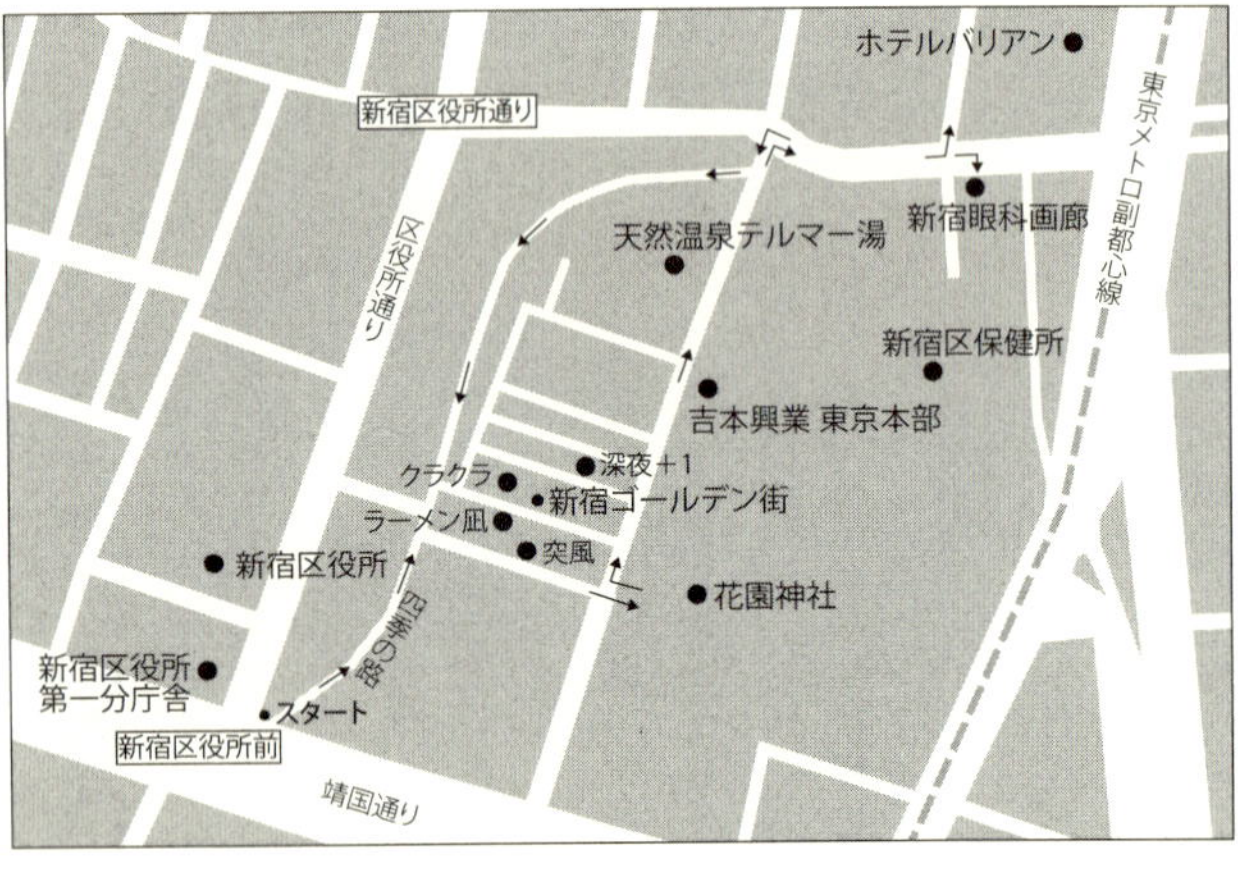

ルは、非常に美しくできています。

四谷第五小学校の向かいには平成27年にできたテルマー湯があります。24時間営業で、トリップアドバイザーの２０１８年エクセレンス認証も得ている、女性にも人気の天然温泉施設です。以前は、この辺りまで一般の人は来なかったのですが、テルマー湯が歌舞伎町の人の流れを変えたといわれています。テルマー湯をまっすぐに行くと、四季の路の反対側の入口があります。

その信号を右に曲がります。

１００メートル弱で新宿眼科画廊に着きます。目医者がギャラリーをやっているわけではなく、目に良い場所ということで、新橋内科画廊へのオマージュでもあるそうです。新宿には数少ない現代アートのギャラリーです。新宿眼科画廊の展示を覗いたら、道路の反対側の路地に入ってください。すぐにガラスとステンレスが目立つビルがあります。現在はラブホテルになっていますが、このビルは

イギリスの建築家リチャード・ロジャースが設計しています。リチャード・ロジャースはパリのポンピドゥー・センターやロンドンのロイズ・オブ・ロンドンを設計した現代を代表する世界的な建築家です。世界的建築家が設計したラブホテルというのはここだけだと思います。ここから来た道を戻り、四季の路へ入り、しばらく歩くと最初の新宿区役所前の交差点に戻ります。

第6章
新宿御苑と玉川上水

貞明皇后、皇太子裕仁親王の観桜会行啓。宮内庁宮内公文書館蔵

この章では、巨大都市新宿の緑の拠点であり、皇室の庭園であった新宿御苑の歴史と、隠された土木遺産玉川上水について紹介します。

新宿御苑

新宿御苑の前史

天正18年（1590年）徳川家康の江戸入府の後、小姓出身の内藤清成が現在の新宿御苑一帯の領主になりました。内藤清成には、徳川家康から馬で回った地域を領地にしてやるといわれ、白馬にまたがり一気に駆け回ったという伝説があります。内藤清成が走らせた馬は、そのまま息絶えたといい、塚が築かれました。

同じような伝説は、青山通りなどに名前が残る青山忠成にも残っています。江戸の出入口となる街道沿いに忠臣を配したことを説明する伝説かもしれません。いずれにしても、北が大久保、南が千駄ヶ谷、東が四谷、西が代々木という21万坪にも及ぶ広大な土地を拝領したことは事実です。

元禄4年（1691年）、清成から五代目の内藤清枚《きよかず》は、高遠三万石の藩主となります。高遠藩内藤家は、江戸上屋敷を神田小川町に置き、四谷屋敷を下屋敷として保有しました。

四谷屋敷には、庭園が造られ、前当主の隠居所や藩主の保養先として活用されました。

庭園は、玉川上水からの引き水を利用した「玉藻池《たまもいけ》」を中心に作庭され、玉川園と名づけられます。屋敷内には東御殿、西御殿、隠居様御殿などがありました。西御殿には藩主側室や子どもたちが生活し、藩主の休養場所が東御殿でした。

元禄10年には、内藤新宿を開設するために屋敷の北部６万７０００坪を上納しています。明和９年（１７７２年）にはしばらくの間、江戸の大火を免れた小川町上屋敷を老中田沼意次に譲り、三代藩主内藤頼由は四谷屋敷に居を移しています。このとき、頼由は家臣で儒者の中根経世に命じ、四谷屋敷庭園の十勝を選ばせ、『玉川園記』を作らせています。

明治維新と内藤家

明治２年（１８６９年）、版籍奉還が行われると内藤頼直は高遠藩の知藩事に任命されました。10万石以下の大名は、数か所あった藩邸を一つは大名私邸、一つを藩邸にして、残りは上地と定められます。内藤家は、当初、藩邸を深川島田町（現在の江東区）、私邸を四谷内藤新宿とする報告を行いましたが、その後、内藤新宿のうち３０００坪を藩邸とし、深川島田町を上納しています。四谷に藩邸と私邸を集約したのです。

明治５年（１８７２年）に、内藤家屋敷のうち、玉川上水余水吐《よすいばけ》から西側が大蔵省により買収され、内藤新宿試験場が開設されます。内藤家は、東山と呼ばれた余水吐（放流設備）から東側の内藤邸内に移り、現在でも内藤家の方が住まわれています。また、新宿御苑も含めて内藤家の屋敷跡は現在でも内藤町が町名です。

日本初の缶詰

明治5年（1872年）大蔵省は、牧畜園芸改良を目的として内藤新宿に試験場を設けました。内藤家の屋敷約9万5600坪を買収しましたが、その他に隣接する新宿、千駄ヶ谷の土地8万坪も買収しています。新宿御苑は、内藤家の屋敷よりも広がっているのです。現在の新宿御苑の面積は58・3ヘクタール（約18万坪）です。新宿高校に苑地を譲ったり、道路整備で削られたりしているので少し減っていますが、明治に買収した場所がほぼ現在の新宿御苑になっています。

明治6年（1873年）、大蔵省勧農課の業務は、大久保利通率いる内務省に新設された勧業寮に引き継がれます。それに伴い、内藤新宿試験場も明治7年（1874年）に内務省の所管になり、矢継ぎ早の改革が行われました。1月には牧畜、樹芸の二つの掛《かかり》（役職）が置かれます。3月には、現在の東京大学農学部と、東京農工大学農学部の起源である農事修学場が設置されました。4月には、製茶、農具、農学の掛が置かれ5掛になります。

初代加温式温室（明治25年）

さらに6月には勧業寮新宿支庁が置かれ、「広く内外の植物を集めて、その効用、栽培の良否適否、害虫駆除の方法などを研究し、良種子を輸入し、各府県に分かって試験させ、民間にも希望があれば分ける」とのモットーが掲げられます。10月には農業博物館も完成しました。種子や材木の見本、肥料、土壌などがあったとされています。

内藤新宿試験場では明治8年に缶詰の試作を行い、後に頒布《はんぷ》したということです。日本最初の缶詰工場は、明治10年長崎市にできたとされ、その場所には記念碑もあります。新宿御苑は試作なので、本格的な工場ではなかったのかもしれませんが、それより早い事例になります。

農事修学場はヨーロッパから教師を招聘《しようへい》

しました。生徒は、農学、獣医学、試業科、予科が募集されましたが、当初は定員に満たなかったようです。明治10年1月には新宿試験場内の博物館などを教室として、農事修学場の授業が始まりましたが、内藤新宿は遊郭があり、青年たちの教育によろしくないという議論があって、1年後の明治11年には駒場に移ってしまいました。

試験場から御苑へ

明治12年、内藤新宿試験場は宮内省へ移管されました。内務卿の大久保利通は、明治11年5月に試験場内に農産物生産所の新設を建議していますので、引き続き試験場を利用していく方針だったと思われますが、直後に暗殺されてしまいます。その後、内務省勧農局長になった松方正義は、財政窮乏もあり、必要業務を三田育種場に移し、試験場の廃止を決定しました。

宮内省では、明治天皇や昭憲皇太后の勧農、養蚕業を拡大したいという御意向が出されていました。新宿試験場は、各種の機材がそろっていて、皇居からも近いという点から相応しいとされ、宮内省への移管が実現したものと思われます。内藤新宿試験場は、「禁園」とされ、名称も植物御苑と改められました。

「禁園」は、聞きなれない言葉ですが、意味的には「御苑」とほぼ同じです。京都御苑の名称について「禁園」と「御苑」の2案に絞られたのですが、「禁園は入口を禁ずるの称にて不穏当」という反対案が出され、皇室の庭園は「御苑」と名づけられ「禁園」という言葉は次第に消えていきました。

植物御苑が宮内省へ移管された直後、職部御苑総括の伊地知正治が宮内卿徳大寺実則《さねつね》にあてて建言書を出しています。その中で伊地知は、植物御苑の役割として、皇室への食材の共進を挙げています。実際、皇室への食材の提供は第二次世界大戦が終わるまで、植物御苑の基本的な役割とされていました。

植物御苑の鴨場

明治14年（1881年）、植物御苑に鴨場が整備されます。植物御苑御猟場、新宿御猟場へと名前を変えながら、皇室の御猟場としての役割を担いました。

鴨場の位置は現在の上の池の辺りになります。鴨場は明治天皇の御沙汰（指示）により造成されました。池には多数の引き堀が設けられています。鴨場の整備にあわせて、植物御苑付近は銃猟禁制区域に指定されました。南は渋谷、代々木、北は大久保、市谷柳町辺りまでが禁猟区になっています。

今でも行われている皇室の鴨猟は、おとりを使い、引き堀に誘導した鴨が飛び立つところを大きな網で捕まえるという方法です。御猟場の掛長であった山口正定の日記には、お雇い外国人がそれを見て、西洋では鉄砲を使っているので、網を用いるのは初めて見たと驚いたことが記録されています。明治天皇も含め多くの皇族などが利用した鴨場ですが、新宿植物御苑の庭園改修工事に伴い、明治36年（1903年）には日本庭園に改修され、その役割を終えます。

明治天皇が初めて植物御苑へ行幸したのは、明治13年（1880年）でした。御苑で栽培された野菜類をご覧になったあと、御苑内を一周し、製糸場などを見学しています。その翌年からは数多く植物御苑へ行幸し、明治15年には8回も行幸しています。その目的は鴨猟で、北白川宮能久親王や華族、宮内省職員を伴い、鴨猟に興じられたようです。しかし、明治19年を最後に行幸は途切れてしまいます。その理由は、よくわかっていませんが、内閣制度の発足に伴いご多忙になったことや、植物御苑以外に御猟場が整備されたと考えられています。

荒れた玉川園の改造

明治期を代表する造園家の小沢圭次郎は、明治27年（1894年）に日本園芸会の機会に『玉川園記』を持って新宿御苑を訪れています。『玉川園記』に書かれた十勝を現在の姿と比べてみたところ、ことごとく廃れ果てて、魚藻池だけ残っていたということです。その魚藻池も水は涸《か》れ泥は乾き、周囲はことに荒れていたと、玉川園の管理が行われていないことを嘆いています。それに比して、素晴らしい温室に栽培した美しい植物や飼われた鳥獣の姿は、往時の玉川園の夢にも及ばぬ天上の楽園だと記しています。

植物御苑の名称は「新宿御料地」、「南豊島第一御料地」と改められ、5か年の大規模な改修を経て明治39年（1906年）に新宿御苑の名称に落ち着きます。大改修で、新宿御苑には、西洋庭園、日本庭園、温室、果樹園、花卉園などの他に、現在はない動物園もつくられました。この改修を主導したのが、明治31年（1898年）に新宿植物御苑掛長に就任した福羽逸人《ふくばはやと》です。

福羽逸人

パワフルな果物発明王

福羽逸人は、安政3年（1856年）現在の島根県津和野町の生まれで、16歳のときに国学者として有名な福羽美静《びせい》の養子になります。その年に上京し、ドイツ語を学びました。明治8年（1875年）には学農社農学校に入学し、内務省勧農局試験場の農業生となった後に農業園芸の実習と加工品製造の事業に従事します。明治11年には甲州地方のブドウ栽培の調査にあたりました。

翌年には、宮内省雇いを兼勤となり、植物御苑の仕事に従事しますが、物産調査のために伊豆七島に行ったり、柑橘《かんきつ》類栽培のために和歌山の調査に行ったりするなど、精力的に過ごしています。明治19年に播州《ばんしゅう》葡萄《ぶどう》園長となり、わずか2か月後にフランス、ドイツ留学を命じられています。留学中に日本の植物栽培法を紹介したほか、明治22年にパリ万国博覧会の事務官補となり、その功績によりフランス政府から農事有功記章を贈与されます。

明治24年には、宮内省御料局長品川弥二郎の推薦により、御料局技師に任用されます。福羽逸人は、ここから本格的に新宿御料所、新宿御苑の担当者として様々な事業を手掛けていきます。式部官を兼任し、ロシア皇帝の戴冠式に随行したりと幅広い活躍をしています。そして、明治31年に新宿植物御苑掛長に就任します。

福羽イチゴの作出、マスクメロン発祥の地

福羽イチゴは、福羽逸人が明治33年に作出したイチゴです。「御苑イチゴ」とも呼ばれました。フランスから仕入れたジェネラル・シャンジーの種子から品種改良を重ねたもの

です。１９６０年代まで栽培され、高級品種として国内外に知られ、現在のイチゴの元になったイチゴです。

明治39年には、昭憲皇太后が新宿御苑へ行啓され、果樹園で「御手ズカラ苺採」をされて、イチゴ12箱を持ち帰られたという記録があります。このときのイチゴが福羽イチゴである、という記載はないのですが、福羽イチゴの可能性は高いと思われます。

新宿御苑では、ビワ、スモモ、モモ、イチジクなど多くの果樹の栽培を行っています。甲州ブドウや小豆島《しょうどしま》のオリーブも新宿御苑が発祥であり、日本の果樹栽培の発祥の地といっても過言ではありません。また、新宿御苑はマスクメロンの発祥の地です。最初フランス、イギリス種を植えましたが成功せず、偶然、雑種改良して成功し、現在のマスクメロンにつながったということです。そして、新宿高野は、マスクメロンの販売でその名を上げ、今でも特別な果物と位置付けています。

幻の宮殿

明治32年（１８９９年）に、福羽逸人が宮内大臣田中光顕あてに意見書を提出しています。新宿御苑の庭園を整備するにあたり「露国、英国、白国等ノ帝王室ニ属スル庭園」の成立から作庭の調査をしたところ、設計が大切であり、「本邦ニ在テハ……築庭師其者ナ

アンリ・マルチネ設計の鳥瞰図。右側に小さな宮殿が描かれている

ク」、自分がフランスに出張時に「『仏国著名ナル築庭師』に依頼したい。また、費用は400円から600円必要」と述べています。白国とは、「白耳義」でベルギーのことです。換算方法によりますが、当時の教師の初任給が8円から9円ですので、1円が大体2万円相当とすると、800万円から1200万円です。

その後、福羽はヴェルサイユ国立園芸学校教授のアンリ・マルチネに依頼し、明治35年（1902年）から5か年の改修工事が始まりました。明治33年（1900年）にマルチネが福羽逸人に出した書簡では、1500フランで図案作成を引き受け、次の図面作成を約束しています。

1庭園図案　1葉　1000分の1の水彩画
2側面図　1葉　地形の高低形状を示す
3植栽用植物目録　1葉

4　工事仕様帳並びに工費見積書ひな形　1葉

当時の1フランが50銭程度と想定されますので、50銭が1万円として1500万円で受諾しています。残念ながら、アンリ・マルチネが作成した図面は残っていませんが、椎原《しいはら》兵市《ひょういち》『現代庭園図説』に所収された写真が残っています。現在、この写真を引き伸ばしたものが、新宿御苑インフォメーションセンターに展示されています。その写真を見ると、改修計画はマルチネの図面に沿って進められたものとよくわかります。ただし、一つだけ大きく相違するのが、宮殿の存在です。マルチネの図面では、正門を入って正面にルネサンス様式の宮殿があるのです。なぜ実現しなかったのか、理由は不明ですが、新宿御苑を訪れた際は、幻の宮殿を想像してみてください。

新宿御苑の開苑式

明治39年（1906年）5月1日に改修工事を終えた新宿植物御苑では、日露戦争の凱旋祝賀会を兼ねた開苑式が盛大に行われました。明治天皇が臨席され、参加者は5720人に及んでいます。引き続き、5月2日には、皇太子嘉仁親王（大正天皇）が行啓され宴会が催されました。祝賀会場は、新宿御苑の南の千駄ヶ谷近くの桜園地に整備され、中央には凱旋門が設けられています。その年の5月31日には、新宿植物御苑から新宿御苑に名前が改められ、皇室の庭園として新たに出発しました。

ラクダもいた動物園

新宿御苑の中には動物園もありました。『上野動物園100年史』によると、明治22年（1889年）に新宿動物園から上野動物園への動物引き渡しの文書が残っています。新宿御苑での動物飼育が始まった年次は明らかではありません。しかし、上野動物園に引き渡された動物のうちカンガルーについては、明治14年に英国から昭憲皇太后に贈られたものから生まれた個体と推察されます。そのことから、明治12年に新宿御苑が宮内省所管となった頃から、動物が飼育されていたものと考えられるそうです。

明治28年には、面積3万3400坪を占め、ラクダ、鹿、馬、山羊、羊、孔雀《くじゃく》、鷹《たか》、鶴、鷲《わし》などが飼育されていたとされます。新宿動物園は、上野動物園が東京市に移管された大正15年（1926年）に動物、建物、器具を上野動物園に無償で下賜《かし》し閉鎖されています。

ゴルフ場・旧洋館御休所

大正時代の終わりの頃になると、新宿御苑内にゴルフ場やテニスコートが整備され、皇室の方々がレクリエーションのために訪れるようになります。ゴルフについては、9ホールのコースがつくられ、昭和天皇は摂政の時代を含めてかなりの頻度で行幸されています。昭和3年（1928年）には、「御大典記念」のゴルフ大会が新宿御苑で開催されました。新宿御苑で池をさらったところ、その当時のものと思われるゴルフボールが出てきています。旧洋館御休所の公開時には邸内に展示してありますので、見ることができます。

旧洋館御休所は、明治29年（1896年）に建設された木造平屋の建物です。建設の際には、明治初期に同敷地に建設された養蚕所の部材を一部に転用したといわれています。

鮮やかなグリーンの屋根の旧洋館御休所

この建物は温室付属の洋館で、皇族が温室を訪れる際の休憩施設でした。

その後増築を繰り返し、大正13年（1924年）にほぼ現在の姿となり、ゴルフやテニスのためのクラブ・ハウスとして使われていました。昭和20年の東京大空襲でも焼失を免れ、戦後は、平成6年まで主に新宿御苑の管理事務所として使われていましたが、平成13

年に保存・改修工事を行い、国指定重要文化財になりました。

「新宿」の名のランが生まれた温室

新宿御苑の温室は、明治8年（1875年）には、110平方メートルの西洋式温室もあったといわれています。青山試験場の温室とともに日本の洋式温室の先駆けといわれています。その後、新宿御苑の温室は再整備され、既存の温室をつなぎ、明治29年に完成しました。旧洋館御休所と渡り廊下で結ばれていました。そこでは、欧米の王室にならい洋ランの栽培などが行われました。交配によりシンジュクの名を冠した新しい品種もつくられています。大正3年には洋ランのリスト“*The Orchid List of The Imperial Park Shinjuku*”が刊行されています。

御成婚記念の旧御涼亭《ごりょうてい》（台湾閣）

旧御涼亭（台湾閣）は、後の昭和天皇、皇太子裕仁親王の御成婚を記念して台湾在住者から贈られた建物です。裕仁親王は大正12年（1923年）の4月12日から5月1日まで台湾へ行啓しています。それに感謝の意を表し、募金活動を行い、御涼亭の献上に至ったものです。

内部からは日本庭園を望める旧御涼亭（台湾閣）

旧御涼亭（台湾閣）は、昭和2年に竣工し、戦災も免れ建築当時の姿を今に伝えています。設計者の森山松之助は、明治39年（１９０６年）から大正8年（１９１９年）まで台湾で仕事をし、台湾総督府の設計も行っています。そのこともあり、旧御涼亭（台湾閣）は福建省などの中国南方地方の建築様式である本格的なビンナン様式の建物となっています。中国風建築の日本における数少ない実例として貴重なものです。平成16年（２００４年）に東京都選定歴史的建造物に指定されています。

観桜会《かんおうかい》と観菊会《かんぎくかい》

第二次世界大戦の前には、新宿御苑で観桜会と観菊会が開催されていました。観桜会は明治13年（１８８０年）に吹上御苑で始まり、新宿御苑が会場となったのは、大正6年（1917年）からです。観菊会は明治13年に赤坂離宮で始まり、新宿御苑が会場となったのは、昭和4年（1929年）からです。

大正11年には章扉の写真のように、英国皇太子エドワード親王が観桜会で新宿御苑を訪れ、当時皇太子だった裕仁親王と貞明《ていめい》皇后が一緒に新宿御苑内を巡られています。エドワード親王は、後の英国国王エドワード8世であり、アメリカ人女性シンプソンさんと結婚するために、在位わずか325日で退位しました。この結婚は「王冠をかけた恋」として知られています。

観菊会は、現在でも菊花壇展として毎年11月前半に開催されています。伝統の技法と新しい手法により丹精込めて作り上げた菊花壇が公開されています。

国民公園・新宿御苑へ

第二次世界大戦では、新宿御苑も空襲を受けました。江戸時代からの内藤家の御殿や、マルチネの図面も焼失しています。この頃には、新宿御苑内に十数名の農兵隊が泊まり込んで野菜の栽培を行っていたそうです。

第二次世界大戦後の昭和21年には、都立農業科学講習所高等部が新宿御苑に置かれました。しかし、新宿御苑が国民公園になることに伴い、昭和24年3月に閉鎖されています。

同年4月には「国民公園新宿御苑」と名称が変更になり、5月21日から一般に開放されました。

昭和25年、新宿御苑は歌舞伎町とともに、東京産業文化博覧会の会場となります。東側の大木戸門を入った辺りに遊園地が設けられました。本格的な遊具もあり、昭和28年頃まで運営されていました。

現在は、ミシュランの三つ星を獲得し、海外からも含め年間250万人が訪れる都会のオアシスとして新宿を代表する緑の拠点となっています。

玉川上水　名君・保科正之《ほしなまさゆき》の水改革

徳川家康が入府した頃の江戸は低湿地であり、埋め立てなどによる幕府のまちづくりにより江戸の町ができました。その中でも、低湿地であったため、飲料水の確保には苦労しました。幕府は、小石川上水や神田上水を整備するなどして対応しましたが、人口が増加する中で、飲料水の不足が大きな課題になりました。

玉川上水の整備

その課題に対応したのが、3代将軍家光の異母弟、保科正之です。新宿ゆかりの高遠藩主から山形藩主を経て会津藩主となった保科正之は、武断政治から文治政治への転換を図った名君です。玉川上水を整備するに当たっては、玉川上水を通って敵が攻めてくるという反対意見もあったのですが、そういう時代ではないと時代の転換を説いています。明暦の大火で焼けた江戸城の天守閣を再建しなかったのも、保科正之の意見といわれています。莫大な費用をかけて、権力を誇示するだけで特に必要のない天守閣を造るよりも、まちの復興に費用をあてようという考えです。

承応2年（1653年）に、庄右衛門、清右衛門兄弟を工事請負人とし、総奉行に老中松平伊豆守信綱、水道奉行に伊奈平右ヱ門忠克を命じ玉川上水を整備しました。兄弟は、その功績により玉川の姓を許されたと伝えられています。玉川上水は、多摩川中流の羽村に堰《せき》を設け、四谷大木戸の水番所まで43キロを結びました。羽村から四谷までの高低差は100メートルしかなく、非常に難しい工事でした。また、数多くの分水を設けていて、武蔵野の開発にも大きな役割を果たしています。

上水での大喧嘩

今でもそうですが、大規模な公共工事は近隣の人々に大きな影響を与えます。玉川上水についても、江戸市中の人々は大きな恩恵を受けましたが、玉川上水が通過する村は必ずしもそうではありませんでした。寛文10年（１６７０年）に角筈村、畑ケ谷村、下北沢村、下高井土村、上高井戸村などの名主が奉行所あてに、上水の土手で馬に与える草を刈っていたところ乱暴され、鎌を取り上げられるなどわがままがひどいと、訴えています。また、玉川上水ができたことで、耕地に遠くなったことを嘆くなど、玉川上水ができたことを歓迎していない様子がわかります。

元禄6年（１６９３年）には、角筈村の名主「伊左衛門」が、玉川上水から水を汲んでいたが禁止され、井戸で水を得るように命じられて、井戸を掘ったが水が出ないので、玉川上水に2か所の水くみ場を設置してほしいと訴えています。この願いは認められて、厳重な管理の下で玉川上水の利用が許可されています。

玉川上水の仕組み

玉川上水は、四谷の水番所から地下に入り、木樋《もくひ》や石樋《せきひ》を使って江戸市中に水が供給されました。石樋は、腐らずに長く使えることから「万年樋」と呼ばれました。石樋は、横幅が広いところで１５０センチ、高さが１０５センチから１５０センチの台形型で、その上に200センチほどの蓋がかぶせられていました。樋より大きい溝を掘り、伊豆の安山岩などでつくった間知石《けんちいし》を積み上げて作られています。

木樋は、ヒノキやマツを使って作られています。本管に近いところほど太く、遠いものほど細くなっています。太いものは、厚さ10センチほどの板を組み合わせて作り、板の継ぎ目には、銅の板を貼って水漏れを防いでいます。細い木樋には、水漏れを防ぐために、下部と両わきを一体に木をくりぬいて作り、蓋をしたものもあります。

江戸の市民は、どうやって玉川上水の水を使っていたのでしょうか。

現在のように各家庭に水が配水され、蛇口をひねれば水が出るということはありません。井戸のような溜桝《ためます》に水を引いて、そこから汲み上げていました。溜桝は、木製で直径75センチほどの底のない桶《おけ》をさかさまに数段重ねて、一番底に板をはった円筒形の筒形のものです。呼樋《よびどい》という竹でできたパイプで水を引き、溜桝に水を溜めました。この中の水を、さおつるべという竿の先に桶をつけたもので汲んで水を使いました。

間借り人や店子は水道料金を払っていませんでしたが、水道料金に相当する「水銀」を、武家は禄高《ろくだか》に応じて、町方は建物の間口に応じて地主が払っていました。当時、火災、水道、祭礼は、地主の三厄といわれ、その負担は大きなものでした。

四谷大木戸水番屋。余水吐の両側は柵で覆われている。東京都歴史文化財団蔵

ただし、天保の頃に玉川上水の水量低下と木樋の修復調査を行った図面では、無断で玉川上水につないで利用している建物があったことがわかっています。中には、無断で玉川上水の水を湯船に利用していた風呂屋まであったようです。このため、無許可の樋《とい》には栓をして止められています。

玉川上水は江戸の貴重な水資源であり、厳重に管理されていました。羽村や四谷大木戸には水番屋《みずばんや》が置かれ、流域には高札《こうさつ》（立て札）が25本設置されていました。高札では、魚を捕ること、水浴びをすること、ゴミを捨てること、洗い物をすることが禁じられていました。また、流域の村々から許可してほしいという訴えが出されていた、下草を刈ることも禁止されています。

四谷の水番屋は、現在の新宿区の四谷地域センターと東京都の水道局新宿営業所の場所です。水番人の居宅や会所、高札、稲荷などがありました。上水の施設として、流れてきたゴミを止める芥留《あくたどめ》、満水時に渋谷川の方へ水を流す吐水門、上水が暗渠《あんきょ》へ入る水門がありました。水門では水量を測定する「歩板《あゆみいた》」が設けられ、この板と水面までの間隔から水量の増減を調べました。

玉川上水の水路をさらったりする工事は、流域の村々の負担となりました。石樋や木樋の修理は幕府の手で行われましたが、上水を利用する武家や町屋も普請金を負担しました。その費用も莫大になったといわれています。

現在の四ツ谷駅の辺りでは、玉川上水の樋が外堀を渡るために地上に出ていました。そのため、十数年に一度、修理が行われています。天保6年（1835年）の工事では、期間が436日、費用が1279両かかっています。1両が10万円と考えると約1億2000万円です。水道を維持するにはそれなりの費用がかかっていたのです。

小金井の桜並木

玉川上水と桜といえば小金井が有名です。新田開発の一環として桜が植えられ、江戸名所図会にも取り上げられる名所となっています。大正時代には国の名勝に指定されました。

近年は交通量の増加などにより、桜の樹勢が衰えて危機的な状態にあるとされていますが、市や市民との協働により、復活への努力が続けられています。

明治以降の玉川上水

玉川上水は、明治になっても使われていました。その一方で、明治維新後の混乱もあったのか、明治３年に玉川上水を使った船による通運の許可が出ました。

玉川上水の通船は、多摩地域から大量の物資を安く、早く運ぶことを実現させました。内藤新宿では、荷上場の新設を知事に願い出ています。しかし、船を通したことで、玉川上水の汚濁が進み、明治５年には通船廃止となっています。

明治19年にはコレラの流行があり、多摩川上流域でコレラの汚物を流したという噂が広まって、人々はパニックになりました。これも契機となり、近代水道を導入するという機運が高まります。明治31年に淀橋浄水場が完成したことに伴い、多摩川上水も廃止されました。内藤新宿の甲州街道沿いを流れていた玉川上水は、大正時代の終わりには地下に埋められてしまったのです。

四谷から先の地下の玉川上水は使われなくなってしまいましたが、羽村から取水されている多摩川水系の水は水道水として使われていたのです。淀橋浄水場があったときに、そこで浄化されていたのは玉川上水の水でした。

また、現在でも玉川上水の流れに隣接する武蔵野市の境浄水場では、多摩川水系の水で水道水がつくられています。境浄水場では、緩速濾過《かんそくろか》という、昔ながらの微生物を活用する方法で水道水をつくっているのです。処理能力が低く、広い場所を必要とするというデメリットもありますが、そうしてできた水は美味しい水であるともいわれています。

【コラム】新宿御苑と玉川上水跡の街歩き

新宿御苑は、四谷側の大木戸門のところから始めます。まず、新宿御苑には入らずに、玉川上水・内藤新宿分水散歩道を歩きます。本来の玉川上水はこの散歩道の外側の道路の下を流れています。甲州街道の新宿御苑トンネルの整備に合わせてできた遊歩道に、玉川上水を偲《しの》ぶ流れを整備したものです。

新宿御苑は、甲州街道のトンネルで削られ、明治通りのバイパスでさらに削られました。都会では土地がないので仕方のない面もあるのですが、非常に可哀そうです。そのため、甲州街道は地下トンネル化し、明治通りは二層の立体式にするなどの配慮も行っています。

遊歩道に流す水は、本来であれば地下を流れている玉川上水の水を使いたかったのですが、玉川上水の地下水道の構造は下水が溢水《いっすい》して流れ込む構造になっているため使えませんでした。しかし、遊歩道に流す水は御苑トンネルに出ている湧水を使用し、循環させるなどの工夫を行っています。遊歩道に流れを整備したことで、遊歩道の乾燥などによる裸地化も防ぐことができています。

散歩道の途中にイチョウの大木が何本かあります。これらは、内藤家の屋敷の頃から植わっていたものではないでしょうか。樹齢150年以上はあるような気がします。

　遊歩道を通り、新宿御苑インフォメーションセンターを訪れてください。アンリ・

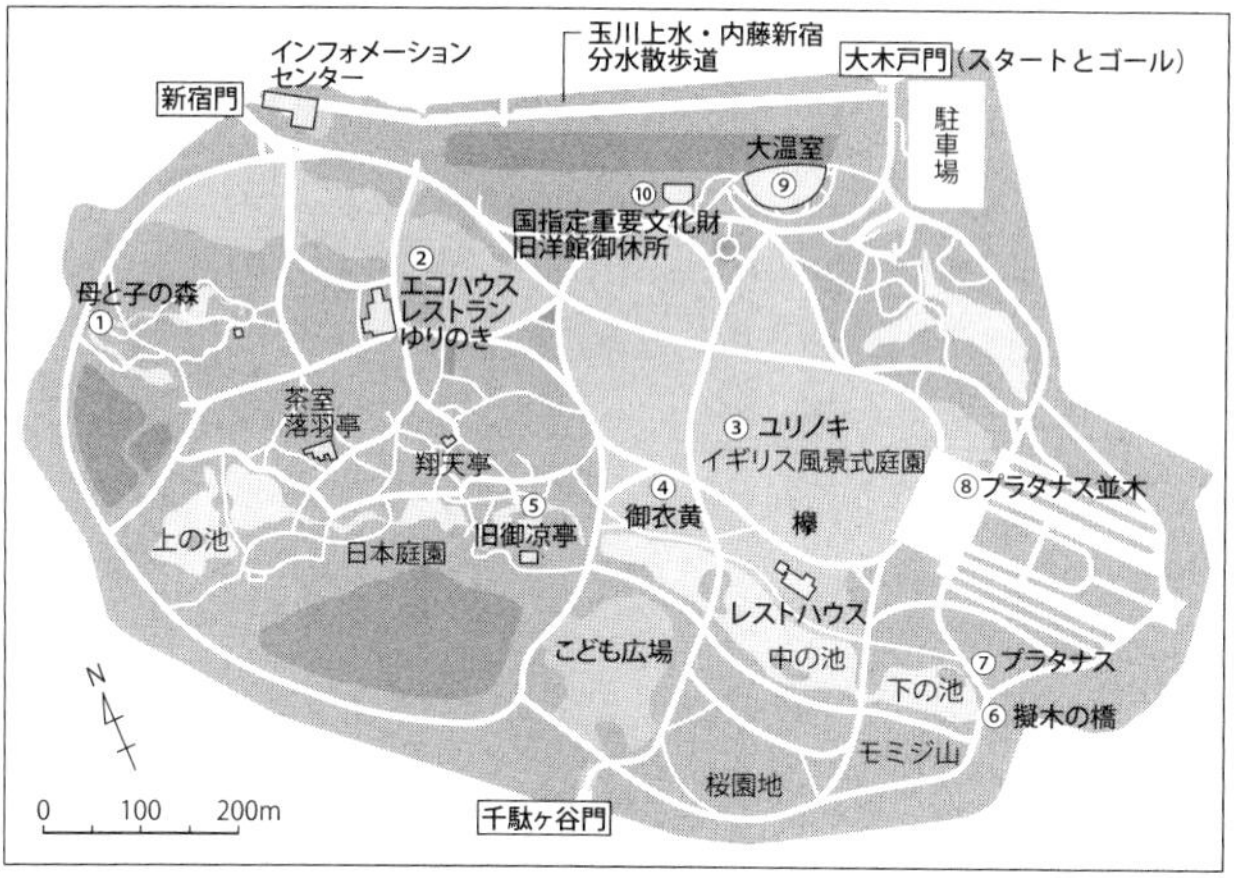

※酒類の持込と、こども広場を除く遊具類の使用は禁止されています

マルチネの描いた宮殿のある新宿御苑の整備図を見ることができます。

その後、新宿門から新宿御苑に入ります。玉川園十勝にちなんで「新宿御苑十勝」を個人的に選んでみます。

①母と子の森

入苑したら右に行き、落羽松を鑑賞します。落羽松は、沼杉ともいい、湿気のある土地を好んではえる樹木です。秋は黄色く紅葉し、冬は名前の通り葉を落とします。よく似た木にメタセコイアがあります。見分け方は、落羽松は気根《きこん》というアリ塚のような空気を取り込むための呼吸根を地表に出していることです。ここには気根がたくさんあります。もう一つは、葉の付き方を見てみると落羽松の方は交互になっていて互生《ごせい》ですが、メタセコイアは二つの葉が一緒についていて対生《たいせい》になっています。落羽松の森は幻想的な雰囲気があり、歩いているとゲームやアニメの世界に迷い込んだような気持ちになってきます。

②内藤とうがらし

母と子の森を歩いたら左に向かって歩いて行くと、レストラン「ゆりのき」があります。疲れていたら休憩してください。レストランには、江戸東京野菜の内藤とうがらしを使った、気持ちの良い刺激の内藤とうがらしココア（季節限定）などのメニューがあります。新宿御苑の周辺では、江戸時代に内藤とうがらしが栽培されていました。畑が赤く染まったといわれています。また、同じ江戸東京野菜で内藤カボチャもありました。

③イギリス風景式庭園のユリノキ

そこから歩いていくと、２本の巨大なユリノキが芝生の中に見えます。新宿御苑のシンボルツリーです。ユリノキとプラタナスの葉はよく似ていますが、木肌が違います。プラタナスの木肌はクリーム色で迷彩柄のように大きく剝《は》げますが、ユリノキの木肌は茶色で、盛り上がった縦の線が目立つネット状になっています。また、花がユリやチューリップのように見えることから、英名ではチューリップツリーと呼ばれ、初夏の頃に花が咲きます（写真参照）。一方、プラタナスの花は目立ちませんが、すずかけの木という和名があるように、

鈴のような実はよくわかります。ユリノキもプラタナスも新宿御苑が日本で最初に栽培された場所といわれています。

庭園では、「森の薪能《たきぎのう》」も開催されています。よりすぐられた演者・演目による格調高い能が舞われ、かがり火に幽玄の世界が浮かび上がります。毎年秋に開催されている、恒例の伝統芸能イベントです。

④春の桜と秋の菊

新宿御苑はサクラの名所ですが、何といっても八重桜がきれいです。ソメイヨシノよりも時期は遅く、4月の中旬でも見ることができます。シンボルツリーのユリノキから南の池の方に歩き、中の池の手前、レストハウスのそばで御衣黄《ぎょいこう》という緑の花のサクラを目にすることができます（写真参照）。鬱金《うこん》という黄色いサクラは8本あるのですが、御衣黄はここと整形式庭園横の3本だけです。

秋は菊です。11月前半の菊花壇展では、皇室ゆかりの菊の花を見ることができます。懸《けん》崖《がい》作り花壇、伊勢菊・丁子菊《ちょうじぎく》・嵯峨菊花壇などがありますが、圧巻は大作り花壇です。

1本の株から何百という花を咲かせるように仕上げたものです。多くの花を均一に育て、花の大きさをそろえ、開花期をそろえて、こんもりと大きく仕立てます。この様式は新宿御苑独自の技術で、菊花壇の中でも見ごたえのある花壇です。全国各地の菊花壇展で見られる千輪作りの先駆けにもなっている菊です。

⑤台湾閣からの眺め

中の池の橋を渡り対岸に行きます。右に行って旧御涼亭（台湾閣）を目指します。春のサクラ、初夏のサツキ、秋の紅葉、冬の松、台湾閣から池越しに眺める景色は新宿御苑を代表する景色の一つです。

⑥擬木の橋

台湾閣から池沿いに歩き、下の池を左に回り込んだところに小さな擬木の橋があります。この橋が日本最初の擬木の橋であるといわれています。金額は不明ですが、改修工事の際に明治38年（1905年）頃にフランスから買った橋で、設置のために3人のフランス人が来日して現場で組み立てました。

⑦プラタナスの巨木

下の池を過ぎて道が二つに分かれたところに、ひときわ巨大なプラタナスの木がありま す。剪定《せんてい》せずに育った自然樹形のプラタナスです。明治の初めから100年以上の樹齢だと思われます。木に抱かれ、その生命力を分けてもらいたくなる圧倒的な迫力をもった木です。

⑧4列並木のプラタナスとバラ園

4列並木のプラタナスは剪定しているためか、それほど大きくありません。並木の眺めは遠近感があり、ヨーロッパ絵画のような景観です。その中央には、馬車で行くのが似合う道があります。そこを抜けるとバラ園があり、春や秋には約110種500株のバラの花を楽しめます。

⑨大温室

新宿御苑の温室では皇室の温室としてランの栽培を行い、シンジュクの名前が付く洋ランの品種も栽培しています。以前東洋一の温室といわれていましたが、現在の温室は絶滅危惧植物の保護増殖を行う特別室を設置しているとのことです。高低差や池が設けられるなど、変化にとんだ温室で歩いて楽しくなる温室です。冬にはカトレアなど、洋ランの花も見ることができます。

⑩旧洋館御休所

温室を出てすぐ右に国の重要文化財に指定されている旧洋館御休所があります。木造平屋の建物でアメリカのスティックスタイルを基調としたデザインです。細かいところにも配慮された建物で、破風の模様や全体にやさしい雰囲気があります。毎月第2・第4土曜日に公開されていますが、変更するときもありますので、新宿御苑のホームページで確認してください。

旧洋館御休所を観たら大木戸門に戻ります。新宿御苑には、ここに紹介した以外にも四季折々に多くの見所があります。ゆっくり都心のオアシスを味わってみてください。

玉川上水跡を歩く

玉川上水のまち歩きは、京王線の初台駅から始めましょう。初台の駅は渋谷区ですが、駅の東口を地上に出たところは新宿区になります。南新宿商店街も含めて、新宿として紹介します。

玉川上水は地下化されているのですが、その痕跡が少し残っています。笹塚まで行けば、玉川上水の流れを見ることができます。時間にゆとりのある方はそちらも訪ねてみてください。

東京オペラシティの2階まで上がり、山手通りを超えるデッキを渡って、NTT東日本ビルの前に降りてください。直進して甲州街道を渡り、3層にもなる高架の高速道路の下を歩きます。ふと、動く歩道をチューブにして、横断歩道も空中を通せばいいのにと思います。渡ったところで左折します。

最初の曲がり角の狭い道を右に曲がってください。道路に橋の欄干《らんかん》が残っています。昭和3年にかけられた「三字橋《みあざばし》」という橋の銘板が付いています。ここに玉川上水が流れていたということがわかります。玉川上水の流路は遊歩道になっていますので、そこを歩きましょう。しばらく行くと駐車場があり、遊歩道は狭い通路になりますが、そのまま直進します。広い通りに当たるので、左に曲がります。甲州街道の交差点に出ますので、甲州街道に沿って右に曲がります。

少し寄り道をしましょう。甲州街道を歩くと、すぐ右に正春寺というお寺があります。この寺の開山の祖母が初台の局（徳川秀忠の乳母）であり、初台の地名の由来ともいわれています。この寺の墓地に大きな銀杏の木がありますが、その奥の二つ目の角を曲がった奥に、婦人運動家・管野スガの慰霊碑があります。大逆事件で処刑された唯一の女性です。日本近代史の陰の部分を見ることができます。

交差点に戻り、左側に曲がると玉川上水の遊歩道があります。入口には「玉川上水旧水路代々木緑道」という石の銘板が立っています。遊歩道を歩いて行くと、文化学園大学にぶつかります。文化学園の前を玉川上水は流れていたのです。また、玉川上水が地下化されたあとに京王線がここを通っていました。

文化学園には、日本には数少ない服飾の博物館、文化学園服飾博物館があります。学術研究資料の目的で収集された着物や染織品などを広く公開しています。

博物館の前を通り、甲州街道わきの道に入りました。すこし歩くと葵通りという石の標識があります。そこには千駄ヶ谷橋という表示もあり、玉川上水が流れていたことがわか

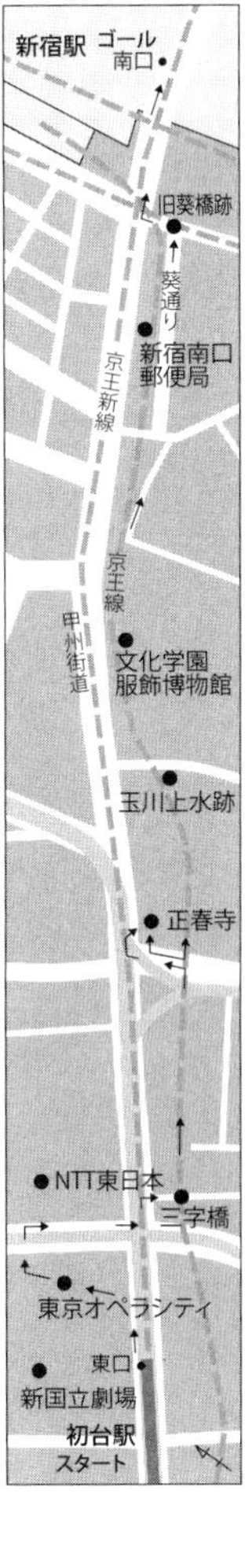

ります。葵通りを歩くと新宿駅南口に着きます。南口の道路に突き当たる場所には葵橋跡という石の標識があり、やはり玉川上水が流れていたことがわかるのです。その先にはビルが建っていて流路を追うことはできません。

左に曲がると甲州街道に当たり、右へ行くと新宿駅の南口です。

【コラム】内藤町を歩く　玉川上水余水吐跡と鉛筆発祥の地へ

新宿御苑の東側の内藤町を歩いてみます。

出発点は御苑の大木戸門です。大木戸門のわきにある駐車場の左側に歩行者用の通路があります。そこを入り、甲州街道御苑トンネルのわきを通ります。

内藤町の住宅街へ抜ける直前に、ネットフェンスで囲われた御苑の柵と住宅の敷地の間の空間を見ることができます。ここが玉川上水の余《よ》水吐《すいばけ》（ダムや堰から水を放流するための設備）で

あり、渋谷川の源流の一つです。現在は、地下化され下水になってしまっていますが、ここから国立競技場のわきを流れ、原宿のキャットストリートを通り、渋谷駅の下を流れていきます。

余水吐の現状を見た後、甲州街道の横断歩道を渡り、四谷区民センターに向かいます。地域センターの建物の場所は、かつての水番屋の跡で、今でも東京都水道局新宿営業所があります。建物の手前に水道碑記《すいどうのいしぶみのき》があります。玉川上水開削の由来を記した記念碑で、東京都指定の有形文化財となっています。

横断歩道を渡り、内藤町へ戻ります。「この先行き止まり」という標識の手前の角を右に曲がってみましょう。マンションが多くなっていますが、昔からの住宅も残っています。四谷区内藤町壱番地《いちばんち》といった地番の表札が門にかかっている家もあります。しばらく住宅街を歩くと、右側に多武峯《とおのみね》内藤神社があります。

多武峯内藤神社には、内藤清成を乗せて駆け回り領地を獲得し、そのまま息絶えたという伝説の白馬が神馬となり、祀られています。また、隣の児童遊園には鉛筆の碑があります。日本の鉛筆、発祥の地です。ここで明治20年に真崎仁六が渋谷川の水を利用した水車

を動力として鉛筆の製造を始めました。

多武峯内藤神社を出て南に少し歩き、道なりに左に行くと外苑西通りに当たります。外苑西通りを南に行きます。すると先ほどの渋谷川の流れ跡が見えます。

すぐそばに交番がありますが、かつてこの辺りに植木屋があり、ここで新撰組の沖田総司が亡くなったといわれています。平成26年に新宿区が建てた案内板があります。

また少し歩くと、今度は新宿御苑の正門があります。普段は閉まっていて、国の特別行事などを行うときだけ開けられます。ここからのぞくと西洋式の4列並木が見えます。本来はその先に宮殿ができていたところです。外苑西通りをそのまま歩き、高速道路とＪＲの線路をくぐり、右に行くと千駄ヶ谷駅があります。

第7章 浄水場から高層ビルへ

新宿副都心の今昔。右が昭和42年、左が平成23年。共同通信社提供

新宿駅西口には都庁があり、高層ビルが林立するビジネス街となっていますが、西口がこのようなビジネス街になってきたのは昭和40年代以降です。新宿駅西口の発展の歴史を明治から追っていきたいと思います。

明治から昭和の新宿駅西口

新宿駅西口の歴史は淀橋浄水場とともにあります。明治時代から昭和にかけての新宿駅西口には、東京の水道事業を支えた淀橋浄水場がありました。また、工場やガスタンクも西口にありましたので、紹介します。

都庁の場所にあった淀橋浄水場

東京に水道を整備することは明治政府や東京市にとって喫緊の課題であり、外国人技師に委嘱して設計案を作成しました。それに基づき、明治23年に東京市水道設計を告示しています。そこでは、「浄水工場を南豊島郡千駄ヶ谷村に置き」とされ、淀橋浄水場の名前はでてきません。

千駄ヶ谷といっても現在の千駄ヶ谷駅の方ではありません。淀橋浄水場の甲州街道を挟んで反対側で、現在の文化学園の辺りにあった宇都宮藩主戸田山城守の屋敷跡が予定されていたようです。

明治24年に、浄水場の位置は淀橋に変更となりました。淀橋に浄水場を設置した方が、浄水場の水面の高さを15尺（約4・5メートル）ほど高くできるためです。そのことで、水をくみ上げる燃料費などを減らすことができるメリットがあるとしています。

淀橋に浄水場を設置するため、代田橋の辺りから、玉川上水から分水して淀橋浄水場まで、ほぼ直線で結ぶ新水路をつくり、導水しています。現在、西新宿から西に行く水道道路と呼ばれている道路が新水路の場所です。

水道が東京衰退に？

水道整備に対しては、住民の負担増加などに対する反対も多くありました。新聞には、水道料金が100坪の家で年間72円となり、市民は耐えられないので、「水道落成の日は東京衰退の日になる」という意見も出ていました。明治時代の1円は現在の2万円ほどの価値と考えられますので、年間144万円、月12万円となり、確かに大きな負担です。

また、水道管として使用する鉄管の納入を巡り、外国製か日本製かで議論があり、外国製納入論者であった渋沢栄一が暴漢に襲われるということも起こっています。鉄管は、日本製を導入することで決着をみたのですが、受注した会社が不合格品に合格マークをはめ込んで納入したり、漏水個所を叩き潰してコールタールを塗ってごまかしたり、といった不正を行っていたことが発覚しました。この不正事件は東京府知事の辞任にまで発展し、結局、大部分の鉄管は外国製を輸入して使用することとなりました。さらに、今でも同じですが、用地買収を巡り反対も多く困難もあったようです。

水道万歳!

東京の水道事業は、幾多の困難を乗り越えて、明治31年には通水開始しています。しかし、最初は沈殿水の供給であって、濾過水を供給したのは、明治32年2月、淀橋浄水場に第2号濾過池が完成してからでした。

明治32年に市内へ給水開始したこともあり、12月17日に淀橋浄水場で落成式が盛大に催されました。当日は、新橋や飯田町から臨時列車が運行。小松宮、閑院宮両殿下が臨席され、西郷、樺山などの大臣、東京府知事、市長が列席しました。水神祭を執行したあと、宴席では天狗タバコで名を成し岩谷天狗《いわやてんぐ》として知られた岩谷松平《しょうへい》が、緋《ひ》の衣の扮装で水道万歳を三唱したそうです。

断水の日

寺田寅彦に『断水の日』という随筆があります。

十二月八日の晩にかなり強い地震があった。それは私が東京に住まうようになって以来覚えないくらい強いものであった。（中略）明治二十八年来の地震だという事であった。そしてその日の夕刊に淀橋《よどばし》近くの水道の溝渠《こうきょ》がくずれて付近が洪水《こうずい》のようになり、そのために東京全市が断水に会う恐れがあるので、今大急ぎで応急工事をやっているという記事が出た。（中略）十日は終日雨が降った、そのために工事が妨げられもしたそうで、とうとう十一日は全市断水という事になった。

大正10年のことです。関東大震災の前にこの地震で新水路が決壊し、3日間断水が続きました。横浜市水道や海軍からの給水船で上水の給水を受け、ようやく窮地をしのいでいます。この地震の復旧で水路の強化を図るとともに、流れとしては残っていた玉川上水から揚水《ようすい》できるようにした予備施設が整備されています。

この整備もあり、関東大震災では停電から復旧した9月3日には揚水設備が動き、新水路は9月13日から通水が応急的に復旧しています。それまでは、浄水池に残留していた水を使い、一部の地域に不満足ながら給水を続けることができたといわれています。

浄水場への鉄道

淀橋浄水場を造るに当たり、専用鉄道引き込み線が整備されていました。その後、甲武鉄道で電車の運転が始まると、危険ということで運行中止になります。しかし、浄水場のポンプを動かす蒸気設備に使う石炭や、水を濾過するための砂の運搬に必要不可欠とのことで、大久保駅まで路線延長して明治39年に完成しました。昭和2年頃に電気モーターになり石炭輸送はなくなりましたが、砂は昭和4年頃まで鉄道で輸送されていました。その後、昭和9年に鉄道は撤去されています。

淀橋浄水場があった新宿駅周辺は、昭和の初めまで東京市ではなく淀橋町でした。水道は東京市のものでしたから、淀橋町は目の前に浄水場があるのに水道がなかったのです。大正8年（1919年）頃に淀橋浄水場からの分水で町営水道を計画しましたが、町財政ではその負担に耐えないため、中止になってしまいます。大正11年に淀橋町が児童の飲料水の水質検査を内務省衛生試験所に依頼したところ、水質きわめて不良で、衛生上放置できないという結果でした。

淀橋町では水道敷設を決定し、各学校に敷設しました。その後、町民の要望にこたえるかたちで、各沿道個別に給水するため、昭和2年から工事を開始し、昭和6年に工事が完成しました。新宿駅周辺は関東大震災後、山の手銀座といわれるように発展したのですが、インフラ面ではまだまだ脆弱でした。淀橋町が周辺の大久保町、戸塚町、落合町と合併し淀橋区になったのは、水道完成の翌年、昭和7年のことです。

淀橋浄水場の移転論

淀橋浄水場については、新宿の発展を妨げるものとして、早くから移転が話題になっていました。大正13年に東京市会で中村舜二議員が「淀橋浄水場付近は現在すでに繁華街と化している。ここに広大な敷地を占めている浄水場を今なお存置しておくことは、東京市発展上策を得たるものではなく、宜しくこの地域を売却し、それによる収入によって郊外の境浄水場付近にそれに代わる新規の浄水場を整備すべきである。」という趣旨の発言をしています。

当時の東京市長中村是公は、この発言を受けて移転へ向けて検討したのですが、万一に備えて浄水場は都心部に近い方が理想的であるという反対論を受け入れ、移転をしばらく見合わせました。

専売局タバコ工場

新宿駅西口駅前には、大きなタバコ工場がありました。

日本のタバコ産業は、明治になり大小のタバコ会社が入り乱れ、競争が激しかったといわれています。そのタバコ会社の一つに岩谷商会がありました。淀橋浄水場の落成式で万歳三唱をした岩谷松平の会社です。真っ赤な衣装をまとい、店を赤く塗り、赤尽くしの宣伝隊を走らせ、大いに人々の注目を集めたと伝えられます。「国益の親玉」「煙草大王」というキャッチフレーズで、「金天狗」「大天狗」「国益天狗」など、天狗と付く名のタバコを売り広め、横文字名のタバコで人気の村井兄弟商会とは、天狗vsハイカラの派手な宣伝合戦を繰り広げました。しかし、タバコ産業は明治37年（1904年）に官営化され、専売制が導入されます。

そして、明治43年に新宿駅西口の駅前、小田急ハルクから青梅街道の辺りに専売局淀橋工場が開設されました。敷地面積は13500坪、煉瓦造りの3階建て、総延べ坪は4658坪。事務及び技術職員数110人、職工数1158人、その他従業員100人という大規模な工場で、新宿を代表する工場の一つでした。その一方で、駅前に大きな工場があるのは、新宿西口の発展を阻害するという意見も多くありました。

専売局淀橋工場は、関東大震災で大きな被害を受けます。復旧計画を立てたのですが、

京王線の電車の背後に立つガスタンク。昭和37年頃

新宿駅西口地区が商業地域及び住宅地域に指定されて、市街地建築物法に抵触することになってしまいました。また、地元からの強い反対陳情もあって、復旧が遅れたこともあり、昭和12年に品川へ移転しています。

梅の名所がガスタンクに

現在、新宿パークタワーになっている場所にはガスタンクがありました。この場所は、江戸から明治にかけては「銀世界」と呼ばれる梅の名所でした。その場所が東京ガスの所有になり、ガスタンクの計画が明らかになりました。地元では銀世界の保存運動が起こったのですが、それもむなしく明治45年（１９１２年）にガスタンクができあがりました。ガスタンクは甲州街道からもよく見えて、長く新宿のランドマークとなっていました。

ガスタンクは円筒形で、中のガスの量に応じて高くなったり低くなったりしました。第二次世界大戦後もあったのですが、取り壊される頃は球形になっていました。跡地には高層ビル新宿パークタワーが建ち、その一画に銀世界稲荷神社が祀られています。

写真の元祖、六桜社

コピー機や光学材料の会社として知られているコニカミノルタは、コニカとミノルタが合併してできた会社ですが、そのうちのコニカの前身が六桜社です。現在の新宿中央公園の辺りにありました。六桜社の祖である杉浦家は、小西行長から出た家であると伝わっています。江戸時代、小西六右衛門を屋号として、麴町で薬種商をしていました。明治になり写真材料などの輸入を始め、明治35年に淀橋町に移転して、工場を建設して六桜社を創設します。フランスから技術者を招き、乾板、印画紙、写真材料を生産しました。日本の写真工業の発祥です。

吉永小百合も西口に通った

新宿駅西口には工学院大学をはじめ、学校が多くありました。地図では明治学院大学神学部もあったことが確認できるのですが、沿革が判明しません。最初にできたのは女子独立学校で、現在のエルタワーの場所に明治22年に創設されました。明治35年に精華女学校となっています。内村鑑三は、一時期ここの校長を務めていました。第二次世界大戦後まで長くこの場所にあったのですが、新宿副都心整備のために移転しています。美空ひばりや吉永小百合も精華学園に通っていました。

パリの手法で西口を改造

昭和に入っても、淀橋浄水場の移転に関する要望は大きかったのですが、東京市では、まず駅前を整備する計画を立てました。

昭和7年に新宿駅西口を整備する都市計画案が作成され、昭和9年に都市計画決定されています。計画の内容としては、駅前広場、街路および建築敷地を築造するというものでした。同時に土地区画整理も行われました。昭和16年には、広場並びに街路の大部分が完成しています。

このときの新宿駅西口広場の整備には、超過収用という手法が使われています。これは近代都市計画のルーツである、19世紀のパリ都市改造で採用された事業手法です。道路、公園など公共施設予定地の周囲まで土地収用し、区画（建築敷地）を整理して売却し、都市改造の財源に充当しました。この結果、沿線の街並みは整備され、開発利益が公共還元されるという仕組みです。この手法で整備された広場は、新宿駅西口広場だけです。

現在の都市計画ではこの手法は認められていません。収用エリアが広がってしまうためだと考えられますが、そうすると広場を造るといった都市整備の利益が、そこに面している権利者だけにいってしまうことになります。難しい問題もありますが、超過収用は現代でも検討して良い手法だと思います。

駅前広場の整備などは進みましたが、淀橋浄水場移転を含む本格的な都市再開発事業は、その後第二次世界大戦に突入してしまったため、戦後に持ちこされることになりました。

戦後の新宿駅西口

戦災復興を進める中で、改めて淀橋浄水場の移転が大きな課題となりました。新宿区からの要請などもあり、副都心計画が動き始め、淀橋浄水場の移転が決定。昭和40年に淀橋浄水場は東村山に移転をします。

新宿副都心計画

新宿副都心計画は、新宿駅西口を扇の要として北は青梅街道、南は甲州街道、西は十二社《じゅうにそう》通りに囲まれた96ヘクタールを整備して、快適な副都心を整備しようというものです。新宿副都心建設公社が設立され、計画に基づいて街区、道路、広場、公園などの整備が行われました。経費としては、街路事業に約126億円、新宿駅西口広場建設事業に約19億円、公園建設事業に約62億円、浄水場移転費が約97億円、事務費が約10億円、合計で約314億円の費用が支出されました。そして、そこに日本を代表するような超高層ビル群が建ち並んだのです。

都市計画については計画通りにいかないことの方が多いのですが、現状をみると思いのほか実現しているように感じます。

人気のなかった新宿駅西口

章扉の、新宿駅西口の都庁などの高層ビル群の航空写真を見てください。3×3、9つのブロックが並んでいます。それを淀橋浄水場の沈殿池と並べるとほぼ重なります。淀橋浄水場の土地の記憶が今に生きているのです。副都心建設公社では、新宿駅西口側の北にある2ブロックも含めて11の街区を整備しています。

それを昭和41年から東京都がビル用地として販売したのですが、最初は全く売れませんでした。この頃新宿にオフィスビルなどを建てるというのは大冒険だったのです。

また、契約締結後4年以内にビルを建てるなどの条件も厳しかったと思われます。そのため、東京都は4年以内の建築や一敷地に一建築物などの条件を削除するなど、条件をゆるめて、2回目以降の販売では順調に販売することができました。

超高層ビル群が生まれるにあたっては、建築基準法や都市計画制度の改正が大きな影響を与えました。日本は地震国ということもあり、それまで建築物には31メートルの絶対高さ制限がありました。それが建築技術の進歩もあり、制限が撤廃されます。また、特定街区という都市開発制度が生まれました。

特定街区とは、一般の建築規則にとらわれず、都市計画の観点から望ましいものへと誘導していくために設けられた制度です。

特定街区内の建築物については、敷地面積に対する建築延べ面積の割合である容積率や、建蔽率《けんぺいりつ》、高さ制限などの一般の形態制限を適用せず、その街区に適した建築物の形態などについての制限を個別に都市計画決定することにより、良好な都市空間の整備を図っていくものです。

空地だった超高層ビル群地域

副都心街区は売れた後も長い間、空き地が多い状態が続いていました。落札した会社は、景気の回復などを待って建設を行ったのです。

最初にできたのは昭和46年に竣工した高さ１７９メートル47階建ての京王プラザホテルです。３年ほどは一人ぼっちで、現在の都庁の場所では少年野球が行われていました。

昭和49年に高さ２１０メートルで52階建ての新宿住友ビル、55階建ての新宿三井ビル、32階建てのＫＤＤＩビルが竣工します。昭和55年に26階建ての小田急第一生命ビル（ハイアットリージェンシー東京）、昭和57年に30階建ての新宿ＮＳビル、続いて平成２年に30階建ての新宿モノリスビルが竣工します。

手前の少し飛び出たブロックには昭和51年に43階建ての損保ジャパン日本興亜本社ビル、昭和53年に50階建ての新宿野村ビル、さらに昭和54年に54階建ての新宿センタービルが竣工します。

超高層ビルの建設は、売却土地の利用条件では容積率は５００％以上とされていました。実際の容積率は都心並みの１０００％となります。そこに特定街区を使い、誰でも自由に歩ける広場的な機能を持った公開空地を生み出すことで、容積のボーナスが１００％ほど与えられ、非常に高い容積率となっています。しかし現在、新宿駅西口の地下道から京王プラザホテルなどの超高層ビル街を歩いても、緑や公開空地があることで、高容積による圧迫感などはほとんど感じられません。

また、大きなケヤキ並木もあり、日本には珍しい都市的な落ち着きのある雰囲気です。歩車分離がいき過ぎて歩行者が地下、地上、デッキと垂直移動しなければならず、また、駅前に駐車場やバスターミナルがあり、歩行者は大きく迂回《うかい》する必要があります。そのため、西新宿に行きにくいといった批判はあるのですが、街並み景観としては、一定の評価ができるのではないでしょうか。

都庁か清掃工場か

東京都は、都庁舎の移転などを見込んで1号地、4号地、5号地を販売せずに保有していました。昭和46年に東京都本庁舎建設審議会が設立され、都庁舎の位置に関して議論が始まります。しかし、昭和49年の答申では「本庁舎の位置は丸の内の現在地と定め」となってしまいます。

また、昭和48年には「新宿副都心清掃工場建設構想」が発表されました。新宿副都心の1号地に500トンの清掃工場を建設するという計画です。当時、ゴミ問題が深刻になっていた中での決断だったのですが、新宿区や地元の反対も非常に強く、建設されることはありませんでした。それから10年以上が経過した昭和60年に、都議会が都庁舎の新宿移転を決定しています。

そして、平成2年に1号地、4号地、5号地の3ブロックに都庁第一本庁舎、第二本庁舎、議会棟の３つの建物が竣工《しゅんこう》しました。都庁の設計に当たってはコンペが開かれ、日本を代表する建築家の丹下健三の案が選ばれました。丹下健三は、広島平和記念資料館や、昭和39年の東京オリンピックで使われた屋内プール（国立代々木屋内総合競技場）などの設計で知られています。晩年の代表作が都庁舎です。議論はありましたが、第一本庁舎のノートルダム寺院を思わせる双塔は、西新宿を代表する景観になっています。ちなみに新宿パークタワーの設計者も丹下健三であり、雰囲気がよく似ています。

都庁の第一本庁舎は、１２３５％という容積率で、他の超高層ビルよりも高くなっています。これは、議会棟の使っていない容積率を第一本庁舎に積み上げる、容積率を他の場所に移転させるという容積率移転の考えで実現しました。

平成24年に東京駅を竣工当時の姿に復元するのに費用が５００億円かかりましたが、その費用を捻出《ねんしゅつ》するためにも使われました。東京駅前の丸ビルの再開発にあたり、東京駅の使っていない容積率を丸ビルが買い取り、その費用で東京駅の修復を実現しました。

淀橋浄水場が移転してから30年近くの年月を経て、跡地はようやく東京都庁へと変わったのです。

市街地再開発事業

副都心整備事業の周辺の西新宿六丁目などの地区は、幹線道路に面した部分は鉄筋コンクリート造のオフィスやマンションが建ちビル化されていました。その一方、幹線道路から一歩中に入ると木造アパートが建ち並ぶエリアでした。防災上も課題の多い地区であったことから、土地のポテンシャルを活かす市街地再開発事業が、現在までに13地区で取り組まれています。

代表的なものを紹介すると、ロバート・インディアナの「LOVE」の彫刻で知られる新宿アイランドタワーも、市街地再開発事業で造られたビルです。

市街地再開発事業が行われる前は、2メートル程度の私道に老朽化した木造の建物が建ち並び、防災上も問題がありました。地元では、こうした問題を解決するため、昭和49年に協議会を設立し、再開発の検討を行ってきました。

アイランドタワーは高さ190メートルの本館、別館1、2の他に二つの街区を整備しています。権利を売って転出した人もいるのですが、それまで住んでいた人たちの住宅も整備をしているのです。

もう一つ最近の事例を紹介します。平成20年に完成したモード学園コクーンタワーのビルです。設計は、丹下健三の息子が率いている丹下都市建築設計です。このビルは、市街地再開発事業ではなく、都市再生特別地区というまちづくりの手法を使い、本来の容積率1000％に加えて370％のボーナスをもらい、1370％の容積率を使っています。そんなに高い容積率が必要なのかとの議論はあるのですが、今までの西新宿のビルになかった曲線的なデザインが新しい西新宿のランドマークになっています。

坂倉準三による立体西口広場

新宿駅西口広場は、新宿副都心整備の重要な構成要素として整備されました。昭和39年（1964年）に着工して、昭和41年に完成しました。

新宿駅西口広場を設計したのは、坂倉準三です。明治34年（1901年）に生まれ、東京帝国大学の美術史学科を卒業して、昭和4年（1929年）にフランスに渡ります。

坂倉はパリに着くと、近代建築の三大巨匠として知られるル・コルビュジエのアトリエで研究していた前川國男（紀伊國屋書店の設計者）にコルビュジエを紹介してほしいという電報を打ちます。

上空から見た西口広場（昭和42年）。毎日新聞社提供

コルビュジエに助言を受けた坂倉はパリで建築を学び、昭和6年にコルビュジエのアトリエに入ります。昭和14年に帰国するまでアトリエに在籍し、上野の国立西洋美術館の実施設計に関わるなど、コルビュジエの日本人弟子の中で最も長く修業しました。

西口広場の計画では、地下部分を換気するため6階建てビルに相当するような巨大な換気塔が予定されていました。坂倉準三は、換気塔について「こんなものを真ん中に建てられますか」と述べていたそうです。検討する中で、いっそのこと中央に穴をあけたらという意見があり、それが坂倉の世界観と合致して、空が見え外気が感じられる中心に開口部と噴水が設けられた広場になりました。

「太陽と泉のある立体広場」というのが、当時のキャッチフレーズで、世界にも例を見ない地上、地下3層の駅前広場は、新宿のシンボルとなっています。坂倉準三は、昭和42年に竣工した広場に面する小田急駅ビルの設計も行っています。

新宿駅西口広場も小田急駅ビルも、これからの新宿駅再整備で生まれ変わることが予想されます。21世紀の駅前広場がどのような形になるのか、今後がとても楽しみです。

唐十郎のゲリラ上演

新宿中央公園の一角には富士見台があり、淀橋浄水場にあった六角堂が移設されていて、名残を感じることができます。通路の飛び石は淀橋浄水場で使われていたもので、明治30年代の古い煉瓦です。

昭和44年には、時代を象徴するような事件が起こっています。アングラ演劇の旗手、唐十郎の率いるテント劇場が、２００人の機動隊に取り囲まれながら、東京都の中止命令を無視して『腰巻お仙　振袖火事の巻』の公演を行ったのです。

当時は公園でお芝居をすることは許可されていませんでした。機動隊が駆け付けたときには公演が始まっていて観客もいたため手を出せず、公演終了後に唐十郎などが逮捕されました。平成28年には劇団唐ゼミ☆により新宿区の許可を取り、合法的に新宿中央公園で『腰巻お仙 振袖火事の巻』が再演されています。

ヨドバシカメラ

昭和の後半、50年代から60年代にかけて新宿はカメラや家電製品のディスカウントストアのまちでした。その代表格が新宿駅西口のヨドバシカメラです。地名には残っていないヨドバシが、今でも何となく通用するのはヨドバシカメラの功績です。正確には新宿駅周辺は西口も東口も角筈だったのですが、角筈の名前はほとんど消えています。

東口にはさくらやがあり、私はヨドバシカメラとさくらやの両方で値段を聞いて安い方でカメラなどを買っていました。さくらやはビックカメラに買収されてしまいました。

ヤマダ電機やビックカメラも新宿に進出していますし、ネット通販との争いもある中で、西口のヨドバシカメラの店舗を高層ビルに建て替えます。淀橋の名を伝える企業として頑張ってほしいと思います。

角筈、柏木に住んだ人々

青梅街道の北側、西新宿七丁目、八丁目、北新宿一丁目から四丁目はかつて柏木と呼ばれていました。山手線をはさんで歌舞伎町と対になる位置にある街です。歌舞伎町が繁華街として発展したのに対して、柏木の地域は現在も住宅街として残っています。柏木や大久保の地域は、明治の半ば頃は武蔵野の面影を残す場所でした。

キリスト教思想家の内村鑑三は角筈に10年以上住み、その後明治40年（1907年）柏木に転居して、昭和5年（1930年）に亡くなるまで20年以上暮らしています。内村は、『櫟林《らくりん》集　第一輯』の序文で角筈や柏木を次のように描写しています。

櫟林はくぬぎばやしなり、角筈の櫟林を指して謂《い》う、彼処に明治三十一年より四十年に至るまで十年間に渉《わた》る余の地上の生涯は送られたり、角筈は余に取り最も多事の住処なりき、余は之《これ》を忘れんと欲するも能《あた》わず。角筈櫟林の地たる今や復《ふた》たび旧時の荒廃に帰し、呪《のろ》われたるバビロンの如く野犬鴟鴞《ふくろう》の住処と化せり、前《まえ》には浄水池の市民二百万の生命を湛《たた》うるありと同時に、後ろには大蔵省煙草専売局の雲を突くが如き大建築物の今や将《ま》さに工を竣《お》へんとするあり、遠からずしてニコチン毒の氛煙《ふんえい》は揚り、四隣の緑葉ために枯死するに至るべし、余は幸いにして煙毒の至るに先んじて彼地を去るを得たり、然れども此静かなる柏木の地に在りて南方遥かに櫟林の小丘の煙に裹《つつ》まるるを見て時に懐旧の感なき能わず

引用が長くなりましたが、武蔵野の雰囲気が残る角筈に浄水場や煙草工場ができて環境が悪くなったことを嘆いているのです。内村は櫟林といっていますが、この地域はカシワの木が多く、それが柏木という地名の由来ともいわれています。クヌギもカシワもどんぐりの木ですから、武蔵野の雑木林があったのは間違いありません。柏木の由来には、別に柏木右衛門佐頼季《かしわぎうえもんのすけよりすえ》という人が住んでいたからという説もあります。

内村の柏木の家には今井館聖書講堂が併設され、無教会主義のキリスト教を説いていました。聖書講堂は昭和10年に目黒区に移築され現存しています。内村鑑三の柏木の家は史跡として新宿区の指定文化財になっています。

内村の聖書区講堂の北の方には、新宿二丁目と同じようにゲルンジー牧場という名前の牧場がありました。50頭ぐらいの牛がいたそうです。大久保に住んでいた経済学者の大内

力は白黒のホルスタインがいたと回想していますが、ゲルンジーというのはガンジー種の牛のことで、そうだとすれば茶色の牛です。ゲルンジー牧場の跡に淀橋区役所ができていて、現在は淀橋市場があります。

内村は日露戦争では『万朝報《よろずちょうほう》』で非戦論を唱えましたが、『万朝報』が主戦論に転じると抗議のため辞職しました。このとき一緒に『万朝報』を辞職したのが、社会主義者の堺利彦、幸徳秋水《こうとくしゅうすい》です。内村は後に社会主義と対立しますが、このころは気持ちとしては近いところにあったのかもしれません。堺と幸徳も角筈、柏木に住んでいました。

幸徳は、『郊外生活』という随筆で、柏木の辺りを次のように描写しています。

若《も》し夫《そ》れ秋高く気澄めるの日、苗木畑隔てし牧場には五六の乳牛ゆるやかに眠り、荒れたる庭の横手には、夫婦の農夫清水に蹲《しゃが》んで、白玉の如き蕪《かぶ》を洗う、飾らぬ野趣はおのずから其中に在り。（中略）

大久保柏木も我が初めて移りし程は、春は麦畑に雲雀揚《ひばりあが》り、秋は柿の梢に百舌《もず》鳴きて長閑《のどか》に住みなされしが、此頃は俗悪なる貸家軒を並べて雑閙漸《ようや》く加わり、排水の設備なき新開地は、家々より流す下水道路に溢れて、臭気近づく可《べ》からず（後略）

乳牛はゲルンジー牧場の牛でしょうか。最初は良かったが、最近は俗化してしまったと嘆いていいます。幸徳や堺の他にも荒畑寒村《あらはたかんそん》など多くの社会主義者が柏木に住み、警察では柏木団と名づけ警戒していました。

夏目漱石の『それから』には、

平岡はそれから、幸徳秋水《こうとくしゅうすい》という社会主義の人を、政府がどんなに恐れているかという事を話した。幸徳秋水の家の前と後に巡査が二、三人ずつ昼夜張番《ちゅうやはりばん》をしている。一時は天幕《テント》を張って、その中から覗《ねら》っていた。秋水が外出すると、巡査が後《あと》を付ける。万一見失いでもしようものなら非常な事件になる。今本郷《ほんごう》に現われた、今神田《かんだ》へ来たと、それからそれへと電話が掛《かか》って東京市中大騒ぎである。新宿警察署では秋水一人のために月々百円使っている。

『それから』が朝日新聞に連載されたのが明治42年（1909年）ですが、その翌年に大逆事件が起こります。天皇暗殺を企てたということで、幸徳以下11名が死刑となります。堺は投獄中だったため、捕まりませんでした。そして、時代は下りますが、大正12年、関東大震災後の混乱の中で、柏木に住んでいた無政府主義者の大杉栄と伊藤野枝が甥の少年とともに、甘粕大尉他の憲兵隊員に拉致され殺されます。

大久保の歴史と人

柏木を北に行くと大久保で、現在はコリアンタウンやイスラム横丁といわれる多くの観光客が集まる街になっています。

江戸時代の大久保は、鉄砲百人組と呼ばれた同心たちの組屋敷でした。今でも大久保の街は、東西に走る背骨の大久保通りに小骨の南北の狭い路地が交差する形で、ブロックの町割りではありません。これは南北の路地に面して細長い鉄砲百人組の組屋敷があったという、江戸時代の地割《じわり》を踏襲しているからです。

平時の鉄砲百人組は活躍の場が少なく、副業で細長い組屋敷の庭を活用してツツジを栽培していました。そのツツジが名物となり、『江戸名所図会』にも載るようになっていきます。新宿区の花ツツジや大久保の町名、百人町の由来です。鉄砲百人組には、甲州街道沿いに内藤家を置いたのと同様に、有事のときに徳川家が甲府へ移る際の護衛の役割があったといわれています。

明治になり鉄道が走るようになると、郊外の住宅地になっていきます。夏目漱石の『三四郎』で野々宮さんが住んでいるのが大久保のまちです。漱石が家を探しているときに大久保も候補に挙がりました。軍の施設が大久保に隣接する戸山にあったことから、軍関係者も多く住む街でした。また、大久保には日活の創始者のひとりである梅屋庄吉の屋敷もあり、大正4年（1915年）には孫文と宋慶齢《そうけいれい》との結婚披露宴もそこで行われています。

大久保で忘れてならないのは、小泉八雲です。あまり知られていませんが、ギリシャのレフカダ島で生まれた作家の八雲は8年間を現在の新宿区で過ごし、最後は大久保の地で亡くなっています。八雲は明治23年（1890年）に来日し、松江、熊本、神戸に住み、明治29年に上京し、新宿区富久町に住みました。その後明治35年に大久保に転居。大久保では淀橋から神田川沿いをよく散歩したといわれています。東京帝国大学で教鞭をとっていたのですが、明治36年（1903年）に契約を解除されてしまいます。漱石と八雲には因縁があります。漱石は熊本で教えていますが、その前任が八雲であり、東京帝国大学でも同じことが繰り返されたのです。明治37年に八雲は早稲田大学（東京専門学校）に移りますが、その年の9月に心臓発作で亡くなっています。八雲の縁で新宿区はギリシャのレフカダと友好都市となっています。

【コラム】西新宿を歩く

西新宿のまち歩きは、新宿駅東口の馬水槽の前から始めましょう。西口と反対にビックカメラの方に歩いて行くと、右側の植え込みの中に植物の芽をかたどった西条八十の詩碑があります。西条は、新宿区の牛込で生まれて柏木に住んだ詩人・作詞家です。読みにくいのですが、下の銘板に「武蔵野なりしこの里の　昔のすがた偲ばせて　小《こ》畦《あぜ》の花のむれと咲く　ビルのネオンの赤き花」と刻まれています。

西条は、「東京行進曲」の4番で新宿を描いていて、大変なヒットになりました。歌詞を引用すると西条が会長を務めていたジャスラックに使用料を払う必要がありますので、興味のある方は別途調べてください。今だったら宣伝になると喜ぶと思うのですが、歌詞に出てきた小田急は西条を訴えようとしたということです。

歩道を戻って地下道を通り、西口に行きます。新宿駅の中に入らず、喫煙所が正面に見える横断歩道を渡ります。背の高い人は頭がぶつかりそうなガードですが、ここが昔の青梅街道。ガードをくぐり右側が思い出横丁です。ここは新宿の闇市の風情をそのまま残している場所です。ぜひ歩いて、焼き鳥やラーメンを食べてください。昔はクジラのカツ丼などもありました。今はきれいな公衆トイレが整備されていますが、個々の店舗にはトイレがないので、路上で失礼する男性も多く、ここは思い出横丁ではなく違う名前で呼ばれていました。思い出横丁南側のユニクロが入っているビルも、闇市の露天商が東京メトロと一緒に整備したビルです。

西口駅前の通りを左に行き小田急デパートの前で高層ビル群を見ると、モード学園コクーンタワーがそびえています。ロンドンにあるノーマン・フォスターが設計した30セント・メリー・アクスというビル（通称ガーキン）に似ているという人がいます。ロンドンに行く予定のある方は比べてみてください。駅前広場の一番良い場所が現在はバス乗り場になっています。これからの駅前整備で改善して、人間が駅前を都庁方面にまっすぐに歩けるようにしてもらい

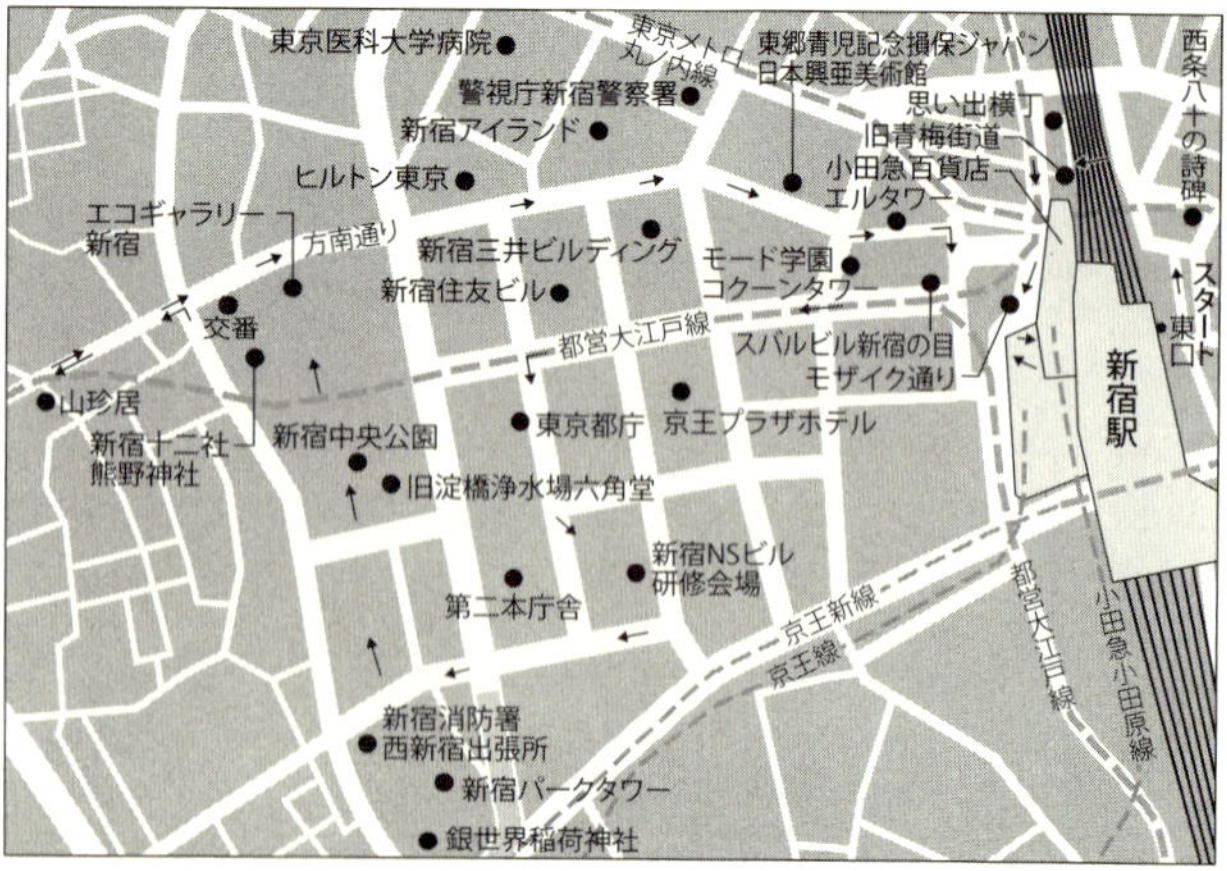

たいと思います。

小田急と京王のビルの間にモザイク通りという狭い道があり、ここを上がると南口に通じています。京王デパートの前の横断歩道を渡るとヨドバシカメラです。小田急デパート、京王デパート、ヨドバシカメラ、駅前広場を含めて高層ビル化や大改造が予定されていて、この風景も変わっていくのでしょう。

歩道が広くなっている場所に降り口がありますので、地下へ行きます。降りたら中央通りの南側の歩道を都庁方面に歩きます。動く歩道は、地下歩道にホームレスが多くいて、社会問題となった時期に整備されました。地下道に面した工学院大学の入口を過ぎて、しばらく歩くと京王プラザホテルの前に出ます。

狭い場所ですが、街路から京王プラザホテルの間が素晴らしい空間になっています。落葉樹や石畳を活用した武蔵野の雑木林の都市的な再現です。設計したのは深谷光軌という造園家で、若い頃は僧侶でした。ストイックな禅の心にも通じる厳しさまで感じるのは考えすぎでしょうか。

道路の反対側には、黒っぽい三井ビルや三角の住友ビルがあります。大林宣彦が監督し、薬師丸ひろ子が主演した映画『ねらわれた学園』は、西新宿が舞台で住友ビル前の歩道を薬師丸ひろ子が高校に通学していました。

京王プラザホテルの先が都庁です。第一本庁舎の32階には職員食堂があり、1階の受付で訪問先を書いて名札をもらって利用できます。45階には北と南の二つの無料展望台があります。

無料展望台で景色を楽しんだら、第二本庁舎の向かいにあるNSビルに入ってみてください。表からはただの四角いビルですが、中は巨大な吹き抜け空間になっています。そして、振り子の長さが22・5メートルもある世界最大の機械式振り子時計が動いています。

NSビルを出たら都庁の第二本庁舎の先にある新宿パークタワービルに行きます。このビルの上部には、パークハイアット東京があり、ソフィア・コッポラが監督した映画『ロスト・イン・トランスレーション』の舞台になっています。この作品は、言葉も含めた人と人との思いが通じないことの苦しさを描いてアカデミー脚本賞を獲得しています。ソフィア・コッポラは、『ゴッドファーザー』などで知られるフランシス・フォード・コッポラの娘で、日本に暮らしたこともあり、その実体験を描いたそうです。

パークタワービル最上階にあるレストラン、ニューヨークグリルは圧巻の眺望だそうです。費用も圧巻かもしれませんが、特別の日には利用しても良いかもしれません。普段はパークタワービルの奥にある銀世界稲荷神社にお参りしてから、隣にある新宿中央公園に行きましょう。

中央公園のちびっこ広場を通り、橋を渡って富士見台を登ります。富士見台は、淀橋浄水場の沈澄池を掘るのに使った土を盛り上げてできました。その上に六角堂があります。残念ながら現在は富士山は見えませんが、淀橋浄水場の記憶を感じることができます。

中央公園の北の方には山本豊市が制作した久遠の像があります。「山吹の里」伝説の情景です。江戸城を築いた太田道灌が鷹狩の途中で雨にあったため、付近の農家で蓑《みの》を借りようとしたのですが、出てきた娘は何も言わずに山吹の枝を差し出したのです。太田道灌は、不審に思いながらもその場を去り、後に部下から「七重八重花は咲けども山吹のみのひとつだになきぞかなしき」という歌にたとえて、貧しくて蓑一つないことを訴えたのではないか、ということを聞き、自身の不明を恥じ歌の道に精進したということです。山吹の里の候補地はいくつかあるのですが、新宿区の神田川沿いもその一つです。また、新宿六丁目にある大聖院には、そのときの少女紅皿《べにざら》の墓が伝わっていて新宿区指定史跡になっています。

中央公園を西側に行くと、エコギャラリー新宿の手前に熊野神社があります。熊野神社は、角筈地区の鎮守で氏子は東口も含んでいます。熊野神社の社殿内には「七人役者図絵馬」や「式三番奉納額」があり、新宿区の指定有形文化財です。また、社殿のわきには、大田南畝の銘文が刻まれている水鉢があり、新宿区指定有形文化財です。さらに境内には、十二社の碑があり、新宿区の史跡に指定されています。十二社とは、熊野神社や現在の西新宿四丁目辺りの地名で、江戸時代は池や滝があり行楽の地でした。今でもバス停には十二社池の上や十二社池の下の名前が残っています。熊野神社を下りて熊野神社前の交差点に出ると交番があります。設計者はわからないのですが、屋根が小さなドームになっていますます。警視庁に予算があったときに建築された交番なのでしょうが、後ろに神社と都庁の双塔が見えるという不思議な風景になっています。

交番のある交差点を西側に渡った場所は、現在マンションになっていますが、ここに1960年代に「スタジオゼロ」というアニメスタジオがありました。有名なトキワ荘で育った漫画家たちが、ここでアニメに挑戦したのです。アニメーターの鈴木伸一(『オバケのQ太郎』のラーメン大好き小池さんのモデル)を中心に、当時の石森章太郎、藤子不二雄、赤塚不二夫などが集まり、『おそ松くん』や『パーマン』などのアニメを制作しました。『鉄腕アトム』の「ミドロが沼の巻」も制作したのですが、それぞれがバラバラに制作したため、絵のタッチが微妙に違い、手塚治虫が頭を抱えたといわれています。将来的に新宿区の史跡に指定されるのではと勝手に期待しています。

方南通りを西新宿五丁目の駅の方に２００メートルほど歩くと「山珍居《さんちんきょ》」という台湾料理のお店があります。お昼時でしたらこのお店で食べてください。日本の台湾料理店の草分けですが、ＳＦファンの聖地でもあります。この店に星新一や小松左京など11名が昭和38年（１９６３年）に集まり、日本ＳＦ作家クラブを結成することが決まったのです。当時の店は熊野神社の隣にあったそうです。その後、ＳＦ作家クラブの例会もこの店で開催され、手塚治虫や筒井康隆なども訪れています。また、赤塚不二夫もよくこの店を利用していました。店内にはＳＦ作家の色紙が多く飾ってあります。

「山珍居」を出たら方南通りを新宿駅の方に戻ります。左側にヒルトン東京があり、その隣に東京医科大学病院が見えます。この病院も『ロスト・イン・トランスレーション』に出てきました。次のブロックは新宿アイランドです。世界一流のアーティスト10人によるアート作品が展示してありますので、ゆっくり見てください。ロバート・インディアナのＬＯＶＥはよく知られていますが、青梅街道側の抽象的な2体の彫刻もロ

イ・リキテンスタインのものです。

LOVEの前の交差点は円形の枠に信号が設置してあり、これもアートだと私は思っているのですが、アニメ『君の名は。』にも登場しています。LOVEの交差点を左に行くと新宿警察署があります。多分日本で一番忙しい警察署です。円形交差点を新宿駅西口の方に渡り、パンタロンのように裾が開いた損保ジャパン日本興亜ビルに行きます。

損保ジャパン日本興亜ビルには、東郷青児記念損保ジャパン日本興亜美術館があります。元々は、東郷青児の美術館だったのですが、今ではゴッホの「ひまわり」やゴーギャンの「アリスカンの並木路、アルル」、セザンヌの「りんごとナプキン」などの作品も収蔵し、特別展や企画展、新人作家の発掘なども積極的に行っている、新宿を代表する美術館になっています。

美術館の展示を見たら、横断歩道を渡りエルタワーのところから地下に下ります。エルタワーの地下出口から右に行き、地下広場に渦巻のように道路が下りていく巨大な開口部の方に歩いて行くと、中央通りの北側の歩道入口に新宿の目があります（写真参照）。宮下芳子の作品で、以前は内部の照明が光り目が動いてるように見えていました。小田急の再開発に伴い、スバルビルの地

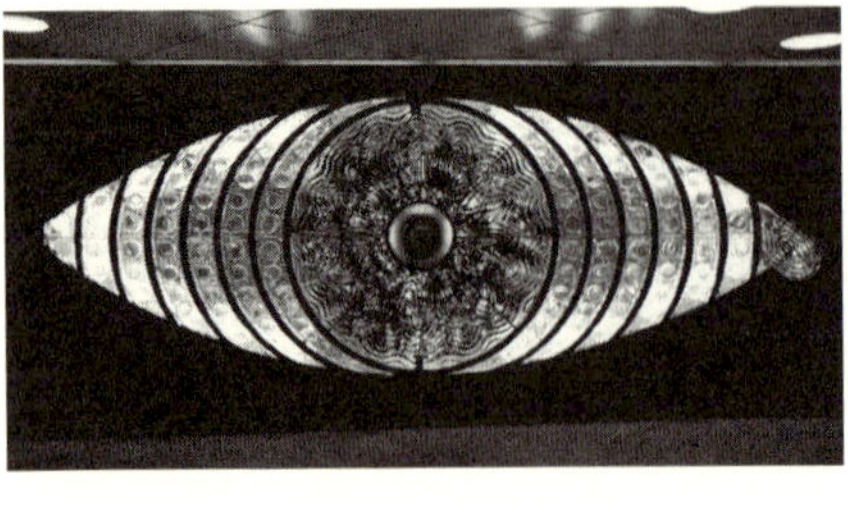

上部は解体されましたので、この作品はどうなるのでしょうか。見たことがない人は早めに訪れたほうが良いかもしれません。

　新宿の目から地下広場を戻ると新宿駅西口です。

【コラム】柏木・大久保を歩く

　新宿駅西口を地上に出たら、右側に思い出横丁の方向に歩きます。以前は表通りも飲食店が中心でしたが、現在はチケット屋さんの通りになっています。まっすぐに行くと青梅街道の交差点になります。右側は通称大ガードですが、壁に落書きがあまりに多かったため、新宿クリエイターズフェスタの一環で、アーティストと子どもたちで絵を描いてもらい、それをフィルムにして貼っています。今回は青梅街道の北側を歩くため、まっすぐ交差点を横断。渡ったら、もう一度今度は左に交差点を横断します。

　青梅街道を歩くと、宝塚大学の東京新宿キャンパスがあるビルの手前に、斜め右後ろに戻る直線の道が見えます。この道が淀橋浄水場に伸びていた鉄道線路の跡です。宝塚大学の前の歩道には歩道橋があり、ここを登ると新宿の大ガードから歌舞伎町がよく見える絶好の撮影スポットです。

眺めを堪能したら歩道橋を下り、西へ歩くとすぐに常圓寺《じょうえんじ》です。入口を入ったところに、江戸時代中期の狂歌師「便々館湖鯉鮒《べんべんかんこりふ》」の『三度たく　米さへこわし　柔らかし　思ふままには　ならぬ世の中』の碑があります。湖鯉鮒の死の翌年に建てられたもので、筆は大田南畝。新宿区の史跡に指定されています。

常圓寺を出て青梅街道をさらに5分ほど歩くと、成子天神の入口があります。右に曲がってお参りしていきましょう。本社の左側に力石が7つ置いてあります。40貫目（150キロ）や58貫目（217キロ）などの重さが刻まれていて、新宿区の指定有形民俗文化財です。神社の奥には富士塚もあり、新宿区の登録史跡となっています。

成子天神を出て、青梅街道を西へ行くと右か

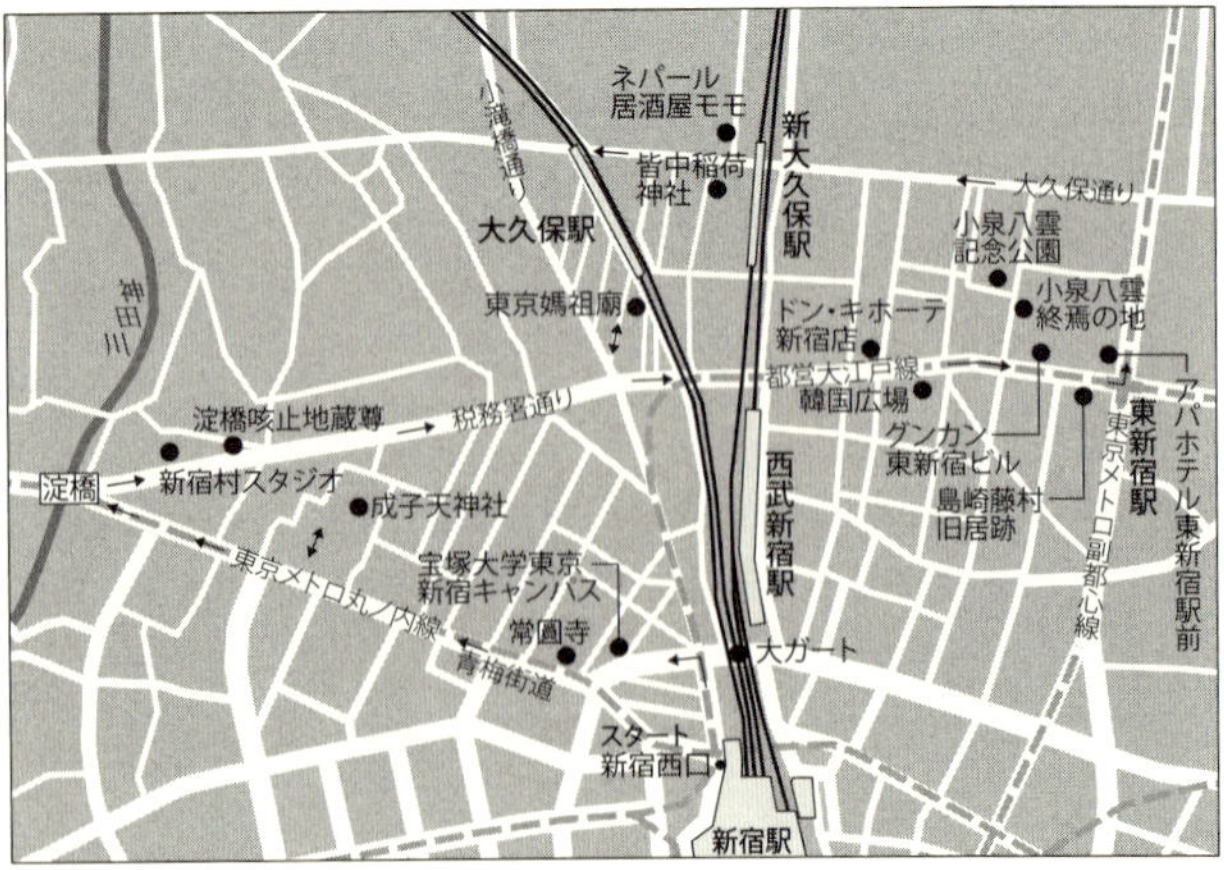

ら大きな道路に合流します。合流した道路の方に渡るとすぐ神田川です。新宿駅周辺は柏木や大久保も含めて淀橋区でした。淀橋区の淀橋がここです。淀橋の由来には徳川家光が鷹狩に訪れ、この橋のたもとで休憩し山城の国の淀に似ているので淀橋と名づけたなど、いくつかの説があります。

淀橋のたもとには水車がありました。幕末、淀橋水車で火薬を製造していたのですが、安政元年（１８５４年）に大爆発を起こしています。５００メートル離れたお寺でも爆発の振動でお堂が破損したそうです。

橋を見たら青梅街道ではなく、合流した道路の方に行きます。この辺りは東京都が道路を再開発で整備しています。税務署通りといっていますが、正式名称は放射第6号線です。途中の新宿村スタジオは再開発の前からある音楽スタジオです。スタジオの先のY字路には淀橋咳止地蔵尊。お地蔵様のお堂が再開発を経ても残されています。10分ほど歩くと小滝橋通りの交差点に着きます。交差点を渡り小滝橋通りを右に少し行ったところにある高層マンションが、新宿ロフトがあった場所です。かつての面影はどこにもありません。交差点に戻り、横断歩道を渡って大久保駅の方に斜めに入ってください。右側に東京媽祖廟があります。台湾出身者の信仰と心の拠り所となることを目的として、また台湾と日本の文化交流の場として平成25年（２０１３年）にできました。ビルの4階まで中国の神様が祀られていますので、お参りしてみてください。

再度、交差点に戻り、中央線と山手線のガードをくぐります。ガードを抜けると、左側がコリアンタウンとして有名になった大久保です。そして道路の名前は職安通りに変わります。少し行った左側のドン・キホーテの辺りが人気の場所になっていますので、のぞいてみてください。先に行き、右側の韓国広場は老舗の韓国スーパーで、このスーパーから今のようなコリアンタウン化は始まったのではないかと思います。

さらに行くとグンカン東新宿ビルがあります。道路に面している間口は狭いのでわかりにくいのですが、職安通りの右側、歌舞伎町側を歩きアパホテルを過ぎて東新宿の地下鉄駅に近くなったら後ろを振り返ると道路の反対側のグンカンビルがよくわかります。設計は異端の建築家と呼ばれた渡邊洋治。渡辺は第二次世界大戦中に陸軍船舶兵でした。その経験からなのでしょうか、横から見ると本当に軍艦のような形状です。独特ですが、評価の高いビルです。

東新宿駅の手前の歩道には島崎藤村旧居跡の碑があります。藤村の碑を見たらアパホテ

ルの角を右に横断歩道を渡り、大久保側の狭い路地に入ります。入口にスクールゾーンと路面に書いてあるように、少し行くと大久保小学校です。大久保小学校の塀際に小泉八雲旧居跡の碑。小学校の反対側には新宿区立の小泉八雲記念公園があります。

さらに路地を奥に行くと大久保通りに抜けますので、左に曲がります。大久保通りは新大久保駅に近くなると、曜日によっては歩くことも難しいほどの人混みです。新大久保生まれの韓国料理、チーズタッカルビなどのグルメを楽しむことができます。

新大久保駅を過ぎて最初の路地を右に曲がります。ここがイスラム横丁と呼ばれる通りです。お店には少し入りにくいのですが、スパイスが好きな人は勇気を持って入ってみましょう。本当に安くスパイスを買うことができます。イスラム横丁左側のビル、2階にはネパール居酒屋「モモ」もあり、ネパール版の餃子「モモ」が美味しいです。

イスラム横丁から大久保通りに戻り、通りを渡ると右側に皆中稲荷神社があります。弾が皆あたる（中る）という鉄砲百人組ゆかりの神社で、くじ運が期待できるということです。お参りがすんだら大久保通りを西へ歩くと大久保駅です。

終わりに

新宿は、内藤家の屋敷の片すみに生まれた新しい宿場から、日本を代表する繁華街、眠らない街、超高層ビルのオフィス街、世界から多くの人が集う多文化共生都市へと拡大し発展を続けてきました。

迷宮のように入り組み、多くの人が行きかう街、誰をも拒むことのない懐の深い街です。日々新しい何かが生まれ、育っています。

そんな新宿の街の姿を、少しは捉えることができたでしょうか。

読者の皆さまも、常に変わり行く愛すべき新宿の街のファンになっていただけたら幸いです。

二〇一九年五月

橋口敏男

＊本書に掲載している情報は二〇一九年四月現在の内容です。
6章のアンリ・マルチネの図面以外のクレジット表記のない写真は、環境省新宿御苑管理事務所提供です。それ以外のクレジット表記のない本編の写真およびアンリ・マルチネの図面、コラム中の奪衣婆・閻魔像の写真は、新宿歴史博物館提供です。

なお、本書の見解は、あくまで著者個人によるものです。

【著者】

橋口敏男（はしぐち としお）

1955年長崎県に生まれ、東京都で育つ。77年法政大学を卒業し、学芸員資格を取得。同年新宿区役所に就職した後、まちづくり計画担当副参事、区政情報課長、区長室長などを務める。2016年公益財団法人新宿未来創造財団に移り、新宿歴史博物館館長に就任。

平凡社新書912

新宿の迷宮を歩く

300年の歴史探検

発行日——2019年5月15日　初版第1刷

著者——橋口敏男

発行者——下中美都

発行所——株式会社平凡社

東京都千代田区神田神保町3-29　〒101-0051

電話　東京（03）3230-6580［編集］

東京（03）3230-6573［営業］

振替　00180-0-29639

印刷・製本—株式会社東京印書館

装幀——菊地信義

ISBN978-4-582-85912-6

NDC分類番号213.61　新書判（17.2cm）　総ページ296

平凡社ホームページ　http://www.heibonsha.co.jp/